中国经济法律理论研究

战晓玮 著

贵州出版集团
贵州人民出版社

图书在版编目（CIP）数据

中国经济法律理论研究 / 战晓玮著.-- 贵阳：贵州人民出版社，2018.8
ISBN 978-7-221-14749-3

Ⅰ.①中… Ⅱ.①战… Ⅲ.①经济法－研究－中国 Ⅳ.①D922.290.4

中国版本图书馆 CIP 数据核字（2018）第 196338 号

中国经济法律理论研究
战晓玮 / 著

责任编辑： 刘向辉
封面设计： 牧野春晖
出版发行： 贵州人民出版社（贵阳市观山湖区会展东路 SOHO 办公区 A 座）
印　　刷： 北京市彩虹印刷有限责任公司
版　　次： 2018 年 8 月第 1 版
印　　次： 2018 年 8 月第 1 次
印　　量： 3000 册
印　　张： 13.5
字　　数： 228 千字
开　　本： 710 毫米×1000 毫米　1/16
书　　号： ISBN 978-7-221-14749-3
定　　价： 48.00 元

版权所有，盗版必究。
本书如有印装问题，请与出版社联系调换。

前　言

《中华人民共和国宪法》第五条第一款规定:"中华人民共和国实行依法治国,建设社会主义法治国家"。第十五条规定"国家实行社会主义市场经济。国家加强经济立法,完善宏观调控。国家依法禁止任何组织或者个人扰乱社会经济秩序"。这是我国建立、发展和完善社会主义市场经济的基本法律制度,也是对我国经济管理法治化的总体要求。随着全球经济一体化的发展以及我国社会经济的进步,经济法在国民经济发展中的作用越来越大,已经成为规范市场秩序、调节市场纠纷、保证市场稳定的重要行为准则。

经过改革开放40多年的发展,我国已初步形成了有中国特色的市场经济法制体系框架,涉及市场主体调控法、市场秩序调控法、市场宏观调控法、市场分配调控等不同领域。但是,随着我国市场经济的进一步发展,当前的经济法律制度已经不能满足经济发展需要,我们应不断调整和完善我国经济法体系,适应新时期我国社会经济的发展的节奏。基于这一需求,本书从我国社会经济发展的实际状况出发,并结合作者多年的研究和实践经验,对我国经济法进行了深入的研究与剖析,创作了本书。

本书在写作过程中主要突出了以下特点:

第一,本书的内容具有实用性。本书对经济法大大小小的分支法律理论和制度都进行了详细的研究和分析,读者可以依据本书实现相关经济问题的解决。第二,本书的内容具有针对性。本书的内容共分为十章,每一章针对经济法的某一领域的内容,因此,读者在进行学习时,可以非常方便、准确地找到对应的章节和内容。第三,本书具有创新性。本书在内容确定上涵盖了商法和民法的基本知识;同时,在内容编排上,突出了实际案例的重要性,以理论和实际相结合的方式将经济法相关制度展现在读者面前。

本书在写作过程中，参考了很多专家、学者的理论报告和文献资料，在此，作者首先要对这些专家和学者表示衷心的感谢。时间精力有限，本书难免存在疏漏和缺陷，希望各位读者能够批评指正。

作　者
2018年4月

目　　录

第一章　经济法基础理论 1
- 第一节　经济法概述 1
- 第二节　经济法律关系 10
- 第三节　法律行为和代理 19
- 第四节　经济法律责任 23

第二章　竞争法律制度研究 28
- 第一节　竞争与竞争法概述 28
- 第二节　反垄断法 34
- 第三节　反不正当竞争法 42

第三章　消费者权益保护法律制度研究 50
- 第一节　消费者权益保护法的概述 50
- 第二节　消费者的权利与经营者的义务 54
- 第三节　消费者权益的国家保护与社会保护 62
- 第四节　权益争议的解决与法律责任的确定 67

第四章　产品质量法律制度研究 75
- 第一节　产品质量法概述 75
- 第二节　产品质量的监督与管理 81
- 第三节　生产者、销售者的产品质量责任和义务 88
- 第四节　产品质量责任制度 91

第五章　银行法律制度研究 100
- 第一节　中国人民银行法 100
- 第二节　银行业金融机构法 106

第三节　涉外金融法律制度 112

第六章　财政法律制度 121

　　第一节　财政法概述 121
　　第二节　预算法 127
　　第三节　国债法 135
　　第四节　政府采购法 138

第七章　税收法律制度研究 144

　　第一节　税法概述 144
　　第二节　我国现行主要税种 154
　　第三节　税收征收管理法 161
　　第四节　违反税法的法律责任 168

第八章　中国特色宏观调控法律制度体系 171

　　第一节　宏观调控法律制度与经济发展 171
　　第二节　宏观调控的法理基础 177
　　第三节　中国宏观调控法律制度体系的构建 196

参 考 文 献 207

第一章 经济法基础理论

第一节 经济法概述

一、关于经济法的主要学说

众所周知，在社会制度不同的国家，人们对经济法概念的理解各不相同；在社会制度相同的国家以及同一国家在不同时期，对经济法这一概念的理解也存在着不同的观点。

我国法学界在对经济法研究的过程中逐步形成了多种学派和理论观点，其中一部分学者否认经济法这一概念，否认经济法是一个独立的法律部门。但是，随着我国市场经济的发展和经济法理论研究的进一步深入，越来越多的学者对经济法持肯定的态度，但这部分学者对经济法这一概念的内涵和外延也存在不同的理解。

（一）纵向经济法论

该学说的主要观点认为，经济法是调整经济管理关系的法律规范的总称。这种经济管理关系包括"政府对经济的管理""国家和企业之间的关系""企业内部的纵向关系"，以及实际上属于经济管理关系的"不平等主体之间的经济关系"。这一表述的直接来源，是立法机关于1986年在《民法通则》起草期间，为平衡民法与经济法的关系，在《民法通则》的立法说明中将民法的调整对象定义为"调整平等主体的公民之间、法人之间、公民和法人之间的财产关系和人身关系"，而政府对经济的管理、国家和企业之间以及企业内部等的纵向经济关系或者行政管理关系，主要由经济法、行政法来调整。这是从立法的角度首次明确区分"横向"与"纵向"的经济关系。

该学说的显著特点是划清了经济法与民法调整对象的界限。但是却未能准确揭示出经济法与行政法调整对象的本质差异，未能把经济法和行政法区别开来，从而陷入了与行政法冲突日益尖锐的窘境。众所周知，行政法的调整对象十分广泛，涉及社会生活的各个方面，其中自然也包括对一定的经济关系进行调整。如果要坚持经济法的独立法律部门的地位，那就必须解释清楚经济法所调整的经济关系与行政法所调整的经济关系的本质区别。

一般说来，只要市场主体的行为在民法规定的范围内进行，就可以排除经济法的介入，而由民法来加以调整。但当市场主体的行为超出了民法调整的范围，导致市场机制失灵、民法无法发挥其规范作用时，就可能引起经济法的介入，并随之成为经济法的调整对象。

例如，当市场主体依法公平竞争时，其相互关系为民事关系；当市场主体实施商业贿赂、降价排挤、强行搭售等不正当竞争行为时，就会引起有关管理机关的介入，在有关管理机关与实施不正当竞争行为的市场主体之间就会形成反不正当竞争的行政管理性经济关系，并受反不正当竞争法的调整。由此可见，那种认为经济法不能作用于平等主体之间关系的观点是不切实际的，完全摒弃经济法对平等主体之间关系的作用无疑是拆除了经济法律关系赖以存在的基石。

(二) 大经济法说

此种观点认为，经济法是调整国民经济管理和各种经济组织在经济活动中的经济关系的法律规范的总称，或者是调整国民经济管理和经济组织之间以及它们与公民之间在生产、交换、分配、消费过程中发生的经济关系的法律规范的总称。这是改革开放以来曾经提出过的学说，它将民法缩减为处理个人间事务的法，将经济法调整对象的范围界定过宽。

在我国《民法通则》及一些重要的商事法律尚未出台前，人们对经济法和民法的调整对象没有统一明确的标准。对经济法概念的认识存在着极大的随意性。有些经济法学说无节制地扩大经济法领域，将传统民法与商法的内容视为经济法，有的甚至主张用经济法取代民法。但是，随着改革开放的深化，国有和集体所有制的企业也日益成为市场主体，指令性计划的范围不断缩小，而是根据市场需求自主从事经营管理，民法在调整其相互关系中的作用越来越大，"大经济法说"因缺乏社会经济基础的支持而逐渐失去了曾有的价值。大经济法说的理论导致了法律学科与法律体系的严重混乱，使经济法成为一个独立的法律部门。

尽管如此，此说也并非一无是处。首先，它对经济法调整的对象具有国家意志性这一点有准确理解，并作了充分论证，并认为迄今经济法仍建立在此基础之上，只不过它对我国经济体制及其改革走向的预计有误、对经济法含义的表述不够准确；其次，它对我国经济法和经济法学的发展具有开创性作用。因此，我们应承认"大经济法说"的历史存在及其合理成分，使它发挥应有作用，促进我国经济法立法和理论的发展。

(三) 纵横统一说

纵横统一说是20世纪80年代初在我国影响最大的一种经济法观点。其在当时出版的许多经济法教材中都有不同程度的体现。该说认为，经济法是调整经济管理关系和计划指导下的经济协作关系的法律规范的总称。同时，该说还把由经济法所调整的经济关系具体划分为三类，即纵向经济关系（或称国民经济管理关系）、横向经济关系（即社会经济组织之间的经济关系）以及经济组织内部的经济关系，并主张有计划的商品经济决定了这三种经济关系是统一的、不可分割的整体，应由经济法统一进行调整。

由于该说把本应由民法调整的平等主体之间的关系或"横向经济关系"纳入了经济法的调整范围，从而导致了经济法和民法的冲突，同时，他们主张纵向经济关系全部归经济法调整，这就和行政法可以调整一部分纵向经济关系相矛盾，从而人为地造成了我国法律体系的紊乱。

该说在80年代初期影响较大。但随着我国经济体制改革的深入，特别是《民法通则》的颁布和实施，平等主体之间的经济关系被统一纳入民法的调整范围，"纵横统一说"面临着严重的危机。于是产生了新的纵横统一说，即"纵"不包括非经济的管理关系、国家意志不直接参与或应由当事人自治的企业内部管理关系,"横"不包括公有制组织自由的流转和协作关系以及其实体权利义务不受国家直接干预的任何经济关系。这是对"纵横统一"的必要限定。

(四) 紧密联系关系论

持紧密联系关系论观点的学者认为,经济法是调整经济管理关系及与经济管理关系有密切联系的经济协调关系的法律规范的总称。

该论与"纵横统一论"的最大区别在于它放弃了经济法调整社会经济组织之间的经济关系——横向关系的主张,而改为主张经济法只调整上述经济关系的一部分,即与经济管理关系有密切联系的那部分经济协作关系。但所谓经济协作关系,就其本质而言,仍是一种横向经济关系,应由民法调整。国家经济计划只是这种协作关系发生的前提或原因,而不是协作关系本身。经济协作关系的缔结和履行都必须遵循商品经济的基本规律,否则就难以正常运转。即使由于管理因素或计划因素而使得这种经济关系带有非自愿或非公平的性质,但双方当事人都是民事主体,地位都相等,因此,仍需遵守商品交换的基本规律。

在该论所主张的经济法调整对象中,还包括了经济组织内部的经济管理关系,这与"纵横统一说"基本相同。所不同的只是在于不是一切的内部经济关系,而只是其中的一部分经济管理关系。但经济管理属企业自身的事情,国家无需也无法进行直接干预和参与,否则,企业就只能是国家机关的附属物而不是一个完整的独立法人。因此,从根本上讲,这一理论只是对"纵横统一说"在外延上的简单压缩,并未有实质性的改变。"纵横统一说"本身的缺陷并未得到纠正。

二、经济法的定义

经济法的概念是经济法学的基本范畴,是经济法学体系和结构的支柱,也是经济法理论研究的逻辑起点。能否科学地界定经济法的概念,不仅关系到经济法理论框架的构筑,而且直接决定着经济法能否作为独立的法律部门存在。因此,对于经济法概念的揭示与探讨,是经济法学研究不可回避的、最基本的理论问题之一。

我们认为经济法的定义可以表述为：经济法是调整在国家协调本国经济运行过程中发生的经济关系的法律规范的总称。

（一）经济法属于法的范畴

经济法同其他任何法的部门一样都是由法律规范组成的，都是具有特定调整对象的法律规范的总称，因此，经济法属于法的范畴，它与其他部门法有着普遍的联系。

（二）经济法具有公法的性质

经济法是国家干预市场、干预经济的法，是以社会整体利益为本位的，因而经济法应归于公法的范围。

但是，"国家干预"并不是直接干预经济主体的生产经营活动，而是在尊重经济主体生产经营自主权的前提下，通过间接手段对其行为加以引导。

（三）经济法是一个独立的法律部门

作为经济法调整对象的关系是经济关系，而不是政治关系、人身关系等非经济关系，这种关系是在国家协调本国经济运行过程中发生的。因此，经济法区别于国内法体系中的民法、行政法等而成立独立的法律部门。

三、经济法的调整对象

产生和存在于大陆法系的框架之内的经济法，为确立自己的地位，也需要界定自己的调整范围即调整对象。在我国，自20世纪80年代以来，由于经济法的出现而引发的"对象"之争连绵不断，先是"民经之争"，后"商经之争"，间或也有经济法与行政法之争。调整对象之争有其正面价值，但负面作用更大。若不陷入大陆法系的调整理论，很容易作出大致划分："绝对的"公与公之间的行政关系由行政法调整，"绝对的"私与私之间的意思自治关系由民法调整，公与私之间体现国家意志、利益和体现市场主体意志、利益的对立统一的经济关系由经济法调整。

关于经济法的调整对象，只要不是否定经济法的，均有其合理之处。我们认为经济法的调整对象应是经济管理关系、与社会整体利益直接相连的经济协调关系以及一定范围内的社会组织内部关系和涉及民族重大利益的对外经济关系。

(一) 经济管理关系

主要指国家机关或其授权组织与其他组织及个人所发生的经济管理关系。包括：（1）综合领导机关对社会组织（主要是经济组织）的经济管理关系；（2）职能机关对社会组织的经济管理关系；（3）主管部门对企业组织的经济管理关系；（4）行业组织经济管理关系；（5）区域经济管理关系；（6）经济监督关系；（7）各级经济管理机关所发生的经济管理关系；（8）经济系统中的经济管理关系（如母子公司关系）等。

经济管理关系具有纵向形态，这种关系中的各方主体处于不同地位和层次，有着不同的权责和职能，相互间常表现为领导与被领导、管理与被管理、监督与被监督的非平等关系，就此看具有一定的行政管理的性质，称之为经济行政关系也未尝不可。但它们不是单纯的命令与服从的行政关系，而是有着物质利益性质和内容的经济管理关系，在现代市场经济中它是应由新型的经济法部门调整的经济关系。

经济管理关系与行政管理关系有同有异。经济管理关系中的主导主体是国家，关系本身也具有一定的行政管理性质，而且也运用行政手段。但经济管理关系与行政管理关系也有着基本区别：（1）经济管理关系本质上是物质利益关系，是一方代表社会整体物质利益的国家和另一方代表局部利益、个体利益的企业组织、个人之间的物质利益关系，是国家以大的、整体的物质利益实体对局部的、个体的物质利益进行管理所发生的关系，国家必须尊重相对方的物质利益实体的地位。（2）此种经济管理关系上升为经济管理法律关系后，双方都既是权利主体，也是义务主体。国家有权依法行政，相对方的企业组织和个人必须接受管理，依法履行义务和责任；相对方的企业组织和个人也有权对国家的决定和行为提出异议，建议调整，甚至可以依法拒绝，国家则必须保证决策正确、施政得当，如有失误，要对相对方承担相应的法律上的义务和责任。(3)经济管理关系主要运用经济手段、法律手段调整，行政手段只是辅助手段。行政管理关系则主要运用行政手段（命令、服从）。(4)经济管理关系主要追求效益（经济效益、社会效益、环境效益），行政管理关系主要追求效率。经济管理关系虽然也讲究效率，但不可因效率而牺牲效益（如不计投入，不问产出）。经济管理关系与行政管理关系的区别，其实也是经济法与行政法的区别，可借此区别经济法与行政法（经济行政法）。

经济管理关系理论完全符合经济体制改革的目标和方向。1984年十二届三中全会《关于经济体制改革的决定》明确指出搞活企业是经济体制改革的中心环节，为此要正确处理国家与企业的关系。经济管理关系就是在国家与企业之间确立的以物质利益为核心内容，以责权为法律形式的责、权、利关系，这是社会主义市场经济中国家与企业的唯一正确的关系模式。"经济行政法"认为经济管理关系实质上是一种行政关系，在这种关系中，国家机关及其授权组织是权利主体，经济组织是义务主体，此种关系主要运用行政手段调整。很明显这是计划经济体制下的国家与企业的关系，根本违背了经济体制改革的精神和目标。

(二) 经济协调关系

经济协调关系指的是应由经济法调整的横向经济关系，曾称为经营协调关系。但其不可称为经济协作关系，因为经济法所调整的横向关系中包括经济竞争关系。

经济协调关系包括：(1)由国家规划、计划发生或规制的横向经济关系（如《合同法》第38条）；(2)与国家经济管理直接、密切相连的横向经济关系（即纵横直接连接的关系）；(3)区域经济关系（如"长三角""珠三角""环渤海地区"等各相邻省、市、自治区的区域联合经济关系）；(4)各部门、各地区、各行业之间的经济协作关系；(5)有关全局利益、整体利益和长远利益的横向经济关系；(6)经济竞争关系；(7)其他重要的、国家认为有必要予以干预和管理的横向经济关系（如物价保障时的紧急干预）。

经济协调关系不同于民法所调整的、体现当事人意思自治的、平等主体间的财产关系，主要区别在于：（1）此类关系往往不是单纯的财产关系，常含有组织管理因素。（2）此类关系不属于当事人完全意思自治的关系，而是由国家直接意志通过不同方式参与并与当事人意志协调结合的关系。（3）此类关系的发生、形成过程往往具有显著的自觉性，不是（或不完全是）由市场自发产生、形成的。影响此类关系的国家方有着明确的、直接的目标和目的，关系的参加者也要依法、依约积极主动参加。（4）此类关系争议的解决和责任的承担不是只靠单一的民事手段、民事责任，还要靠行政手段甚至刑事手段综合调整。

民法是调整横向经济关系的大法，经济法学界对此是予以充分肯定的。但是否全部横向经济关系都只能由民法调整，则需要做实事求是的考察和理性的思考。1986年关于《民法通则》（草案）的说明，对新型的经济法及其理论有正面的肯定，如承认经济法是与民法、行政法并列的法律部门，区分了纵向经济关系与行政管理关系，肯定了内部关系也可由法律调整，等等。但是，在界定民法调整对象上却作了误导，把由《民法通则》确定调整对象——平等主体间的财产关系扩大解释，等同为横向的财产、经济关系，造成概念不清、逻辑混乱。原来期望解决三个法律部门调整对象之争的初衷并未达到，反而引发更大的争论。平等主体间财产关系与横向财产、经济关系并不能等同。经济关系是属概念，包括财产关系（种概念），也包括组织管理因素的关系。财产关系与经济关系并列后再与平等财产关系等同更是不妥。

从上述所列各类经济协调关系的调整范围，可以看出其本质上还是横向经济关系，但又不是纯粹的"私对私"的关系。现代市场经济关系已不再是绝对的"纵横分裂、公私对立"的格局，常常是相互联系、相互制约、相辅相成、相反相成，特别是对发展中国家而言，不能绝对对立横向经济关系与纵向经济关系。经济体制改革要求政企分开、解放企业，企业自治、自主、自由并不代表所有横向经济关系都完全不受约束。重要的横向经济关系必须与国家意志相一致、相结合，如组织全国性的或跨地区的企业集团，发展区域间的经济关系，这些关系一般都与国家计划、产业政策、国际竞争以及社会整体利益、长远利益紧密相连，影响着社会主义市场经济的整体状态和运行过程，影响全局利益和长远利益的安排。经济法是最能将当事者意志、利益与国家意志、利益协调结合、互动双赢的法,因此这类关系必须由经济法调整(有时也要与民法共同调整)。

(三) 经济组织内部经济关系

经济组织内部经济关系是指企业、公司等组织内部发生的关系,主要指与内部领导体制、经济责任制、内部承包制、经济核算制以及与技术质量、安全操作等制度相联系的经济关系。

此类关系是特殊的经济关系,主要发生在经济组织内部范围,与发生在组织外部的经济关系是不同的。在法的历史发展过程中,这类关系历来不为法律所调整。传统法理认为,法只能调整社会关系,即只能调整组织个人间的人际关系(外部关系)。现代经济法的产生突破了这一禁区。有些重要的经济行为可能直接影响社会利益和众多第三方权益,影响社会整体的安全和发展,所以法律和公权力必须适度介入,使"内部关系外部化",内外关系连通调整。这是法律功能的延伸和扩展,是法律的进步。尤其是对那些上关国计、下系民生的企业的经营管理活动,国家的公权力必须提前进行调整和监管。

内部关系的法律调整,已是一种相当普遍的现象:(1)企业公司的内部治理结构,如公司治理机构的设置;(2)重要信息披露制度;(3)财务会计制度,如"财务通则""会计准则",这些既调整企业的外部关系,也调整内部关系;(4)产品质量标准;(5)安全操作规程;(6)环境保护标准等等。

对内部关系进行法律调整,是经济法调整对象的一大特色。当然,法律也不调整全部内部经济关系,否则企业将丧失自主性、独立性。经济组织的绝大部分内部关系还是以企业的章程和制度进行自律调整,经济法只能调整重要的共性的经济关系。所谓"重要",即足以影响国计民生的内部关系;所谓"共性",即同类组织都必须具备的法律要件(如公司治理结构)。

(四) 涉外经济关系

涉外经济关系是指具有涉外因素的经济关系,包括国内企业组织、外商企业与涉外经济管理机关之间的经济管理关系以及外贸组织、企业组织、外商企业之间的经济协调关系。

此类关系也是一种特殊的经济关系，即具有涉外因素。在对外开放、经济全球化的现时期，内外经济关系也不能绝对地分开，所以这一部分关系常与国际经济法共同调整。改革开放是基本国策，但为保证刚刚起步的民族经济的发展、保证国家经济安全，有关涉外经济关系更需要将企业组织的意志、利益行为与国家的意志、利益行为协调结合起来，因此经济法必须调整。

第二节 经济法律关系

一、经济法律关系的概念

法的实施过程，表现为法的规定经由一定的法律事实而形成、变更或消灭一定的法律关系，使法的规定得以正常地或通过一定的救济而得到实现。这也是法对社会经济关系的调整方式或过程。经济关系受到法的调整则形成有经济内容的法律关系，包括民事法律关系、经济法律关系、劳动法律关系、环境法律关系、行政法律关系、刑事法律关系等。此处所谓经济法律关系，是指属于经济法部门的法律关系，也即由经济法部门所规定和保障的权利、义务关系。

由经济法调整对象的国家意志性所决定，经济法律关系的基本特征也是公、私法因素相交织，或曰行政、经济或商事因素之融合。就税种税率设置、税收征管、货币发行、利率和价格管理、存款准备金设置和缴存、企业登记管理、交易和广告市场管理等经济法律关系而言，它们因自身的经济性或商事性而区别于行政法律关系。此外，作为经济法律关系的所有权和物权关系、企业关系、合同关系等，则与公有主体的投资及其财产经营管理、政府公开市场操作、村民自治等密不可分地结合在一起。村民自治基础上的集体土地发包和经营管理构成经济法律关系，单纯的村民自治和政府运作则不形成经济法律关系。

二、经济法律关系的特征

(一) 属于上层建筑范畴

经济法律关系是一种思想法律关系,体现了国家意志和当事人的意志。首先,经济法是国家干预之法,必然处处体现着国家的某种意图。其次,经济法也体现了当事人的意志。经济法对社会整体利益的维护,并不是漠视个人利益,而是"以公为主,公私兼顾"的法,是社会公共利益与个人利益协调之法。

(二) 由经济法律规范确认

经济法律关系的产生是国家运用经济法手段管理社会经济生活的必然反映,是经济管理关系为经济法律规范所确认的产物。没有经济法律规范的存在,就不会有经济法律关系的产生。

(三) 具有社会公共的经济管理性

经济法律关系与其他法律关系的一个最重要的区别,就在于经济法律关系具有社会公共的经济管理性质。经济法的调整对象是以社会公共性为根本特征的经济管理关系,它包括因政府进行宏观管理而发生的宏观经济管理关系和因国家维护市场秩序而发生的市场管理关系。不论就经济法调整对象的总体而言,还是就经济法调整的具体社会关系而言,经济法的社会管理性是极为明显的。这里的经济管理,其核心是"国家适度干预"。

(四) 由国家强制力保证实现

经济法律规范由国家所制定,经济法律关系一旦形成,就会受到国家的保障。

三、经济法律关系的构成要素

法律关系的构成要素是指形成当事人之间权利义务关系的必要条件,任何法律关系都是由主体、客体和内容三个要素构成的,经济法律关系也不例外。经济法律关系的构成要素，是指经济法主体之间经济权利和经济义务关系的必要组成部分，包括经济法律关系的主体、客体和内容，这三者紧密相连，缺一不可。

(一) 经济法律关系的主体

经济法律关系主体即经济法主体，是指参加经济法律关系，依法享有经济权利、承担经济义务的当事人。经济法律关系的主体是构建经济法律关系的第一要素。在我国，经济法律关系的主体包括以下几类。

1. 国家机关

国家机关是行使国家职能的各种机关的通称，包括国家权力机关、国家行政机关、国家司法机关等。

2. 企业

企业是依法设立的以营利为目的的，从事生产、流通和服务等经营活动的经济组织，包括各类法人企业、公司及其他非法人企业。企业是经济法律关系的重要主体。

3. 事业单位

事业单位是依法设立的从事教育、科技、文化、卫生等公益服务，不以营利为目的的社会组织。

4. 社会团体

社会团体是指公民或组织自愿组成，为实现会员共同意愿，按照其章程开展活动的非营利性社会组织。社会团体包括人民团体、社会公益团体、文艺工作者团体、学术研究团体、宗教团体等。

5. 个体工商户、农村承包经营户

公民在法律允许的范围内，依法经核准登记，从事工商业经营的，为个体工商户。农村集体经济组织的成员，在法律允许的范围内，按照承包合同规定从事商品经营的，为农村承包经营户。

第一章 经济法基础理论

6. 公民

公民多为民事法律关系主体，但在一定条件下也可以成为经济法律关系的主体，如公司法律关系中的股东、个人所得税法律关系中的纳税人。

7. 国家

在一般情况下，国家不作为经济法律关系的主体出现，只有在特殊情况下才以主体资格出现，如发行公债、以政府名义与外国签订贸易协定等。

(二) 经济法律关系的客体

经济法律关系客体是指经济法律关系主体享有的经济权利和承担的经济义务所共同指向的对象和目的，或者说是经济法律关系主体通过经济法律关系所追求的经济目标和经济利益。经济法律关系如果没有客体，就失去了设立的意义和必要。因此经济法律关系客体是经济法律关系中不可缺少的因素。

不同的经济法律关系的权利、义务所要达到的具体要求和目标不同，因而反映的客体特征也有很大差异。通常经济法律关系客体主要有以下几种。

1. 物

物是指现实存在的，能为人们所控制和支配的，并具有经济价值和实物形态的物品，以及可以充当一般等价物的货币和有价证券。"物"是经济法律关系中使用较为广泛的一种客体。根据传统法学理论，按照不同的标准，物可分为：生产资料和生活资料；流转物、限制流转物和禁止流转物；种类物和特定物；可分物和不可分物；固定资产和流动资产。

2. 智力成果

智力成果又称无形资产，是指人们脑力劳动所创造的无形财富。智力成果的种类很多，主要有：发明、实用新型、外观设计、商标、商业秘密、计算机软件、非专利技术、商誉以及其他经济信息等。

3. 经济行为

经济行为是指经济法律关系主体为实现某种经济目的而进行的有意识、有意志的活动。经济法律关系中的经济行为主要表现为经济管理行为,既包括国家经济管理机关对国民经济进行管理的行为,也包括经济管理的相对主体接受管理的相应行为。

经济法律关系客体的特征主要有:作为经济法律关系客体的物既有广泛性的一面,又有限制性的一面;经济法律关系客体呈现出复杂的结构;经济干预行为是经济法律关系经常的客体。

(三) 经济法律关系的内容

1. 概说

经济法律关系的内容,是指经济法律关系主体所享有的权利和承担的义务与职责。由经济法调整对象的国家意志性和经济性、公私因素相交织的特性所决定,经济法律关系的内容也即它所包容的权利、义务,一般而言具有以下特征。

(1) 权利和利益的内在一体性。

一般而言,在市场经济条件下,经济活动主体包括公有制主体在法律赋予的能力范围内,得自由地根据市场价格、供求等信号追逐自身利益。而至于依法可以从事投资经营或流通活动的国家机关、依法或经国家授权的特殊企业、其他国有投资主体以至一般国有企业等,其权利和利益也同权力有直接联系,如获授权而承担一定的国有资产管理监督、贯彻产业政策等职权,并在企业公司制度的架构之外受到国家审计、行政监察、检察等直接的权力监督。在经济法律关系中,经济管理主体也应从利益——社会利益和宏观效益出发考虑问题,其权力和利益交织,而非单纯的权力和行政。如发展改革部门和工商行政管理部门行使权力时必须顾及宏观经济状况、某一领域的竞争态势和总体效益水平,以确定某市场领域的准入及其管制力度;财政及国有资产管理部门在行使权力时应当考虑国有资产利用的效率及其保值增值;对于交通、铁道、对外经贸合作、中央银行等主管部门来说,应将其权力行使与经济效益联系起来,作为考核其政绩的重要因素之一,以免权益脱节,助长经济管理中擅权、专权、"拍脑门子"行事之旧习。

(2) 权利和义务的一体性。

第一章 经济法基础理论

在经济法律关系中，经济管理主体的权利亦为该主体对国家、人民、上级的职责和义务。对于经济活动主体而言，国有企业和其他国有主体的权利也具有同样特性，它们所享有的物权也好，债权也好，股权也好，诉权也好，概括的法人财产权或经营管理权也好，归根到底都是纳税人和全民的权益，不得随意抛弃。改革开放中，我国一度对国有企业和有国有资产投资的公司发生认识偏差，对其定位错乱，忽视了其全民所有性质及对它的监督，以至于这些"独立法人"俨然如私营主体一样"独立"行使权利，任意处置和抛弃"权利"，导致国有资产流失，个中教训不可谓不深刻。合作制或集体所有制之经济活动主体的权利，对于相应集体而言，也具有义务性质。从表面看，以上情况也适用于私营企业的权利之于其老板、股东，受雇或受托之经营管理者的权利之于企业及其老板，然而，这些关系纯属当事人意思自治性质，不如公有主体的权利对国家、人民或集体之一般法定义务性，二者不可相提并论。

（3）义务的纵横一体性。

公有制组织尤其是国有主体在组织管理性的流转、协作和竞争法律关系中的义务，也是法律上对其要求的一般或具体的义务。例如在政府农副产品定购合同中，收购方遵守当前的流通和价格政策，据此与农民订立合同并全面、适当履行，不得压级压价、"打白条"等，也是政府要求其承担的义务和责任。作为国有资产经营体系的组成部分，国有企业发生设立、合并、被兼并、分立、拍卖、出售或抵押关键设备、成套设备或者重要建筑物等情形的，它在横向关系中的权利、义务，也是对政府所应承担的义务。

（4）行为或不行为、履行或违反义务后果之奖惩一体性。

在经济管理、公有财产经营、组织管理性的流转和协作等法律关系中，鉴于行政和公有制所内在的责权利一致的要求，对适当乃至开创性的行为以及有效履行义务的鼓励或褒奖的重要性，至少不亚于对某种行为的限制或违反义务之惩戒。因此，在经济法调整中，应当普遍地将奖惩一体作为履行或违反义务的法律后果，这是经济法调整的对象和经济法律关系的内在基本要求。也正因为如此，褒奖性规范多起源于经济法规范，如鼓励投资和兼并、奖赏绩优经营行为等。

2. 经济法律关系的具体内容

（1）经济职权和职责。

经济职权和职责主要由经济管理主体所承担，依法确立并行使。二者高度统一，权责之主体对其不可抛弃。也就是说，经济职权既是管理主体所享有的权利，也是其应承担的义务或职责；经济职责则同时当然包含着相应的职权和权力。

经济职权和职责包括规划、决策、审核、批准、命令、指挥、协调、执行、许可、确认、免除、撤销、检查监督、褒奖、处罚等权责。

（2）所有权和其他物权。

所有权是一定的所有制关系在法律上的反映。按照大陆法系的传统，静态地规定抽象的所有和所有权保护的一般原则、方法等，是民法的任务。由经济法的性质所决定，它所关注的则是动态的所有权之内在经济性管理以及对所有权的职能或权能社会化的管理。属于经济法范畴的所有权内在经济性管理是对公有财产权而言的，私有财产权所内在要求的管理，如家庭、经由合伙和公司等的共有财产管理，属于"私"管理和当事人意思自治范畴，原则上与经济法无涉。国家所有权和集体所有权则不然，其权利行使和经济上的实现，天然地同国家机关的组织和活动以及社区、集体之公共活动和利益密切联系在一起，如财政和国企财务、国有经营性资产管理、国有资产投资经营乃至由公有制主导、辐射至整个国民经济的管理等。即使是集体所有权，也超出了"私"的范畴。我国几十年来集体所有权实践的主要经验教训之一，就是其内在管理的公共性问题。关于所有权权能或职能的社会化，则不论何种所有权包括私有权，均涉及经济法的调整，如税务和企业会计，对土地、林木、房产和其他财产的用途及其处分所作的规制等。

依民法的一般性和抽象性，鉴于因所有权利用、管理所形成的权利在市场经济条件下通常得由当事人自由行使，关于抽象他物权的规定也是民法的制度，有关他物权的内在经济性公共管理及其具体权能管理的制度则属于经济法的范畴。

在所有权派生的权利中，对经济法最具重要意义的则为公有财产或公有组织的经营管理权。在社会化和市场经济高度发展的今天，经济领域中的"两权分离"，即财产由所有权人以外具有独立法律人格的他人经营管理成为普遍现象，经营管理他人财产者亦依法享有一定的权利。这一点，在公有制主导下实行市场经济或发展商品货币关系的条件下尤其具有法的价值。尽管与"两权分离"相联系的经营管理具有普遍意义，对私人主体和私有财产投资经营也可适用，以致家庭经营、自然人合伙的企业也有一个权责划分和经营管理的问题。但是，在私有制主导的体制和经济中，企业对出资人和股东、董事对公司和股东、经理对董事会等的经营管理，作为私人自治领域，原则上不需要由法律规定，无须将其上升为法定的权利；政府经济管理之职权和权力则被湮没在行政之中。在传统的计划经济或行政性经济体制下，机关和企业均为"大机器"中的一颗颗螺钉，在经营管理中并无充分的"自由裁量"权，也无有关经营管理的法律权利的问题。而在公有制及其主导的市场经济和体制中，各种经济管理机关和公有制企业既是构成整个国有及公有经济体系的细胞，同时，其相互之间及与其他所有制主体之间又基于市场而发生联系，如不将其权利明确定性并上升至法权高度，则无论由宏观或微观来看，经济都是无法运行的，结果不是公有制覆灭，就是市场经济的死亡。

从苏俄 20 世纪 20 年代初实行新经济政策时该国法学界关于国有企业地位及其财产权性质的讨论，到 1961 年《苏联和各加盟共和国民事立法纲要》第 21 条第 2 款和 1964 年《苏俄民法典》第 94 条第 2 款规定各国有主体"在法律规定的范围内，根据其活动目的、计划任务和财产的用途，行使占有、使用和处分财产的权利"，到我国《民法通则》在"财产所有权和与财产所有权有关的财产权"节下规定国有企业对国家授予它经营管理的财产依法享有经营权，到我国《公司法》和《国有企业财产监督管理条例》规定公司及国有企业对股东或国家投资形成的企业法人财产享有直接支配之"法人财产权"，就是在公有制下发展市场关系的逻辑性或必然性的具体体现。对于公有制的法人经营主体而言，其经营管理权应当为一种物权，该权利的具体称谓则不重要，称经营管理权、经营权、法人财产权等均无不可；对于私人或其主导的经营主体而言，则即使法律上有所谓法人财产权的规定，企业法人对其老板也不可能享有物权，这是私有制的客观规律，是任何人的主观意志和法律所不能违背的。所以，实际上《公司法》第 4 条的规定，对于私有财产及私有主体投资经营的公司而言原则上是不适用的。

(3)其他权利、义务。

此外,经济法律关系的内容也包括给付权利、义务,竞争法意义上的竞争权利、义务,不包括由合同法、民事侵权法等调整的一般竞争关系中的法律权利、义务、知识产权、人格和身份权等,它们与作为经济法律关系客体的有关行为和物是对应的。

四、经济法律关系的发生、变更和消灭

经济法律规范本身并不能必然在经济法主体之间形成权利与义务关系,只有在一定的经济法律事实出现后,才能使经济法律关系以经济法律规范为依据而发生、变更和消灭。据此,经济法律关系的发生、变更和消灭需要具备以下三个条件:①经济法律规范。经济法律规范是经济法律关系产生的基本依据。②经济法主体,即权利与义务的实际承担者。③经济法律事实。经济法律事实,是能引起经济法律关系的发生、变更和消灭的客观现象。法律事实是一种客观存在的社会生活中出现的事实,而不是当事人主观的内心意思,单纯的内心意思无法产生法律效果;法律事实必须能够引起一定的法律效果。社会生活中出现的事实,并非都与法律规定有关,并非都能产生一定的法律效果。法律事实不仅可能引起当事人预期的特定的法律效果,也可能引起当事人预期之外的其他法律后果。如无效的合同,虽不引起当事人预期的法律后果,但仍产生诸如返还财产、赔偿损失等法律后果。

法律事实出现时,产生如下法律后果:①引起经济法律关系的产生。只有通过法律事实,才能使经济法律所规定的权利和义务,转化为当事人实际享有的权利和承担的义务。②引起经济法律关系的变更。通常包括主体变更、内容变更、客体变更。③引起经济法律关系的消灭,使主体之间的权利义务不再存在。

法律事实能否引起一定的法律后果或者引起何种特定的法律后果,最终都取决于法律的规定。只有为法律规范支配的事实,才是法律事实。根据法律事实的发生是否具有直接的人的意志性而将法律事实分为事件与法律行为。

(1)事件。

事件是指不依经济法主体的主观意志为转移而产生的法律事实。包括自然现象和社会现象。自然现象，如自然灾害。社会现象，如战争、会计政策变更等。

(2)法律行为。

法律行为，是指依经济法主体意志为转移的，为达到一定经济目的而进行的有意识的活动。按法律行为的外在表现情况，可以分为作为和不作为两种形式。按行为的性质可以分为合法行为和违法行为。不管是合法行为，还是违法行为，都可以引起法律关系的发生、变更或消灭。

有的法律关系的发生、变更和消灭，只需一个法律事实出现即可成立。有的法律关系的发生、变更和消灭则需要两个或者两个以上的法律事实同时具备。引起某一法律关系发生、变更或者消灭的数个法律事实的总和，称为事实构成。

第三节 法律行为和代理

一、法律行为

法律事实即民事法律事实，是符合民事规范，能够引起民事法律关系发生、变更或消灭的客观现象。法律事实根据是否与人的意志有关，可分为事件和行为两大类。行为是与人的意志有关的法律事实，也是法律要件中最常使用的法律事实。行为虽与人的意志有关，但根据意志是否需明确对外作意思表示，行为又被划分为事实行为和法律行为。事实行为是行为人主观上没有产生民事法律关系效果的意思表示，客观上引起法律效果发生的行为，如侵权行为，行为人主观上并没有效果意思，但客观上却导致赔偿的发生。法律行为是行为人通过意思表示，旨在设立、变更或消灭民事法律关系的行为。民事法律行为是合法的表意行为，因行为人有预期的效果意思，所以该行为能产生当事人意欲达到的民事法律关系产生、变更和消灭的效果，如订立合同的行为。

民事法律行为是合法行为，是设立、变更或终止民事法律义务关系最常见的方式，订立合同就是民事法律行为。意思表示是民事法律行为最重要的因素，意思表示是单向的。民事法律行为有时候是单向的，则意思表示成立并生效的时候，民事法律行为也成立并生效，如撤销权的行使、单方解除合同、放弃权利、抛弃物权等。民事法律行为更多时候是双向的，则意思表示成立并生效的时候，还需要配合其他的条件方能使民事法律行为生效，如要约生效并不当然使合同成立，还有待承诺的生效。

意思表示指表意人将其期望发生某种法律效果的内心意思以一定方式表现于外部的行为，包括内在意思和对外表示两部分内容。意志的精神存在或心理存在称做"意思"，是实质存在。其外在的物质存在或形式存在称做"表示"，是外在表达，即德国法上的"表示行为"。意思表示是私法秩序下绝大多数法律关系的起点，因为人的社会活动通常都受其意志所支配，并且根据意志的内容与状态导致一定的法律后果，是民事法律行为的构成要件之一，具有设定性。

意思表示的生效要件，传统民法理论将其归纳为如下几个方面。

（1）意思表示主体的有效，即主体应有权利能力、行为能力和处分能力，无民事行为能力人订立的合同无效。

（2）意思表示的内心效力意思的有效，即意思和表示要一致。意思表示须真实，受欺诈所作意思表示订立的合同，效力为可变更可撤销。

（3）意思表示方法的有效，欠缺法定方式的意思表示无效，如合伙协议必须采取书面形式方能生效。

（4）相对人的有效，即意思表示被了解或到达相对人，要约、承诺、撤销要约、撤回要约，以及解除合同的通知等都需要到达相对人方能生效。

（5）意思决定的有效，即意思决定自由，意思表示须自愿，受胁迫所作意思表示订立的合同，效力为可变更可撤销。

包含意思表示的民事法律行为，其成立是一项事实行为，即只要双方达成一致的意思表示即可。其生效要件，主要包括《民法通则》第55条规定的三项。

（1）行为人具有相应的民事行为能力。

（2）意思表示真实。

（3）不违反法律或者社会公共利益。

合同这种民事法律行为是多方当事人之间内容一致的意思表示。民事法律行为可以附条件和附期限，如合同有附条件和附期限的合同。

民事法律行为可以采用口头形式、书面形式或其他形式。法律规定用特定形式的，应当依照法律规定。民事法律行为从成立时起具有法律约束力。行为人非依法律规定或者取得对方同意，不得擅自变更或者解除。因此，合同的形式也有口头、书面和其他形式。合同一经成立和生效，当事人应当履行，不得擅自变更或者解除，不履行合同或者履行合同不符合约定或者法律规定的，应当承担违约责任。

二、代理

（一）代理的概念和特征

1. 代理的概念

代理是民事法律行为的延伸，是代理人在代理权范围内，以被代理人的名义独立与第三人实施法律行为，由此产生的法律后果直接归属于被代理人的法律制度。

依照法律规定或者按照双方当事人约定，应当由本人实施的民事法律行为，不得代理。一般而言，具有人身性质的行为，不得代理，如履行演出合同的行为。

2. 代理的特征

（1）代理人应以被代理人的名义实施代理行为。如果代理人以自己的名义实施某种法律行为，这种行为即被视为代理人自身的行为，该行为后果理应由该代理人承受。

（2）代理人必须在被代理人授权范围内实施代理行为。因此，代理人超越代理权限的行为不属于合法的代理行为，该代理人对此应承担相应的法律责任。

（3）被代理人对代理人的代理行为承担相应的民事责任。

（4）代理人在授权范围内可以有自己独立的意思表示。

（二）代理的种类

代理一般包括委托代理、法定代理和指定代理三类。

1. 委托代理

委托代理又称任意代理或意定代理，是指代理人依法接受被代理人的委托授权而发生的代理。

《中华人民共和国民法通则》（以下简称《民法通则》）第 65 条规定："民事法律行为的委托代理，可以用书面形式或口头形式。法律规定用书面形式的，应当用书面形式。委托书授权不明的，被代理人应当向第三人承担民事责任，代理人负连带责任。"

《合同法》第 399 条规定："受托人应当按照委托人的指示处理委托事务。需要变更委托人指示的，应当经委托人同意；因情况紧急，难以和委托人取得联系的，受托人应当妥善处理委托事宜，但事后应当将该情况及时报告委托人。"

2. 法定代理

法定代理是指代理人的代理权并非基于被代理人的授权行为，而是直接基于相关法律的规定而产生的代理。《民法通则》第 14 条规定："无民事行为能力人、限制民事行为能力人的监护人是他的法定代理人。"

自然人的民事行为能力分为三种。

（1）无民事行为能力人。不满 10 周岁的未成年人和不能辨认自己行为的精神病人是无民事行为能力人，由他的法定代理人代理民事活动。

（2）限制民事行为能力人。10 周岁以上的未成年人是限制民事行为能力人，可以进行与他的年龄、智力相适应的民事活动；不能完全辨认自己行为的精神病人是限制民事行为能力人，可以进行与他的精神健康状况相适应的民事活动。其他民事活动由他的法定代理人代理，或者征得他的法定代理人的同意。

（3）完全民事行为能力人。18 周岁以上的公民是成年人，具有完全民事行为能力，可以独立进行民事活动，是完全民事行为能力人。16 周岁以上不满 18 周岁的公民，以自己的劳动收入为主要生活来源的，视为完全民事行为能力人。

第一章 经济法基础理论

3. 指定代理

指定代理是指依据人民法院或者有关行政机关的指定而产生的代理。根据《民法通则》的规定，人民法院、未成年人父母的所在单位或精神病人的所在单位、未成年人或精神病人住所地的居民委员会或者村民委员会有权指定代理人。指定代理可以采用书面形式，也可以采用口头形式。《民事诉讼法》第 57 条规定："无诉讼行为能力人由他的监护人作为指定代理人代为诉讼。"

（三）代理权的行使

代理权是直接归代理人所有的一项重要的权限，代理人只有拥有代理权，才能代理当事人的民事法律行为。

行使代理权应遵循以下原则。

（1）代理人应合法行使代理权。代理人知道被委托代理的事项违法仍然进行代理活动的，或者被代理人知道代理人的代理行为违法不表示反对的，由被代理人和代理人负连带责任。

（2）代理人应当具有完全民事行为能力，否则不能担任代理人。

（3）代理人应当在代理权限范围内积极行使代理权，不得擅自超越或者变更代理权限。

（4）代理人不得滥用代理权。在司法实践中，滥用代理权的行为主要包括自己代理、双方代理、代理人和第三人恶意串通，损害被代理人利益的行为。

（5）代理人应当忠于职守、诚实守信，积极维护被代理人的合法权益。代理人不履行职责而给被代理人造成损害的，应当承担民事责任。

第四节 经济法律责任

一、经济法律责任的概念

经济法律责任，亦即违反经济法的责任，是指由经济法规定在经济法主体违反法定经济义务时必须承担的法律后果。它是国家用以保护现实的经济法律关系的重要方法。

经济法律责任具备法律责任的一般特征，但它又有区别于其他法律责任的特征，表现在以下几个方面。

(1) 经济法律责任的综合统一性。

从经济法律责任的内部构成来看，经济法律责任不是某种单一的法律责任，它是民事责任、行政责任、刑事责任的综合，是三种责任有机结合构成的统一体。

(2) 经济法律责任的双重处罚性。

经济法律责任的双重处罚性特征主要表现在两个方面。一方面，表现在"两罚"规定上。所谓"两罚"，是指对违法的法人，既可以对其予以经济制裁，又可以同时对法人组织中的直接责任者予以民事、行政乃至刑事的制裁。另一方面，表现在经济法规中的"并处"规定上，即对同一违法主体，可以同时适用数种制裁措施。双重处罚性体现了经济法律责任的公正性与严格性，对于制裁经济违法行为具有十分重要的作用。

(3) 经济法律责任的多元追究性。

追究民事责任和刑事责任的机关具有单一性的特点，即只能由国家的司法机关来追究。与之不同的是，追究经济法律责任的机关是综合的，这是由经济法律责任的综合统一性特点所决定的。按照经济法的规定，有权追究违法主体的经济法律责任并实施法律制裁的机关主要有司法机关、国家经济行政机关（包括国家经济管理机关和国家经济监督机关）、仲裁机构，它们都有权运用有关的经济法律、法规，在其职权范围内，对违法主体予以相应的法律制裁，都有权追究违法主体的经济法律责任。

二、经济法律责任的形式

承担经济法律责任的形式，是指经济法主体违反经济法所承担法律责任的主要方式。包括民事责任、行政责任和刑事责任。

第一章　经济法基础理论

(一) 民事责任

1. 民事责任的概念和种类

民事责任是指经济法主体违反经济法律、法规依法应承担的民事法律后果。最基本的民事责任有两种：①违约责任，即责任人违反约定的义务，依法应承担的民事责任；②侵权责任，是指行为人不法侵害社会公共财产或者他人的财产、人身权利而依法应承担的民事责任。

2. 承担民事责任的原则

承担民事责任的原则是指法律所确定的行为人承担责任的根据和标准，主要有以下三种。

（1）过错责任原则。过错责任原则是我国经济法确认的，在追究违法主体的经济法律责任时普遍适用的一项原则。

过错责任原则是指认定行为人在主观上存在故意或者过失时追究法律责任的原则。行为人在故意或者过失违反法律时，应当承担法律责任。

（2）无过错责任原则。无过错责任原则是承担经济法律责任的特殊原则。它是比过错责任原则更加严格的一项原则，故又称严格责任原则。无过错责任原则是指在法律直接规定的情况下，无论行为人主观上有无过错，都要对损害事实承担责任的原则。此项责任不以过错为构成要件，只要有法律规定，经济法主体就要对损害承担补偿责任。

（3）公平责任原则。公平责任原则是指当事人双方对损害结果的发生均无过错，且无法适用无过错责任原则的情况下，由法院依据公平观念来确定双方合理分担损失的原则。这一原则是公平法律价值的具体体现，是在前两种原则无法适用的情况下，为避免双方权益显失公平而确立的一项补充性原则。

3. 一般侵权民事责任的构成要件

（1）行为具有违法性。行为人实施的行为是一种违反民事法律规范的行为，既可以表现为行为人实施了法律禁止的行为，也可以表现为行为人不履行义务的违法行为。行为的违法性是构成一般侵权民事责任的必要条件。

（2）行为人主观上有过错。过错是指行为人在实施违法行为时，主观上所持的故意或过失的心理状态。故意是指行为人能够预见到自己的行为会产生一定的危害后果，但仍实施该行为并希望或放任危害结果的发生；过失是指行为人应该预见自己的行为会发生危害结果，但由于疏忽大意而没有预见或者虽然预见却轻信可以避免，致使危害结果发生。这两种过错都应该承担民事责任。

（3）有损害事实存在。一般情况下，只有出现了损害的后果才需要承担民事责任，如果只有违法行为但没有损害结果，就不构成民事责任。损害事实既包括公私财产的损害，也包括人身权利的损害。损害事实是构成民事责任的基本条件。

（4）违法行为与损害事实之间存在因果关系。损害事实是由于侵权行为而引起的，两者之间存在着客观的、内在的、必然的联系，即特定的损害事实是行为人的侵权行为必然引起的结果。只有当两者之间存在因果关系时，行为人才应承担相应的民事责任。

4. 承担民事责任的方式

承担民事责任的方式主要有10种：支付违约金；修理、重作、更换；停止侵害；排除妨碍；消除危险；返还财产；恢复原状；赔偿损失；消除影响，恢复名誉；赔礼道歉。

（二）行政责任

行政责任是指对违反经济法的单位和个人依法追究的行政处罚和处分。追究行政责任，由国家行政机关或国家授权的有关单位执行。

根据《中华人民共和国行政处罚法》第8条的规定，行政处罚的种类包括：警告；罚款；没收违法所得、没收非法财物；责令停产停业；暂扣或者吊销许可证、暂扣或者吊销执照；行政拘留；法律、行政法规规定的其他行政处罚。

此外，国家机关、企事业单位还可根据法律、法规，按照行政隶属关系对违法者实施行政处分。行政处分的种类有警告、记过、记大过、降职、撤职、留用察看、开除等。

(三) 刑事责任

刑事责任是指国家司法机关对严重违反经济法，构成犯罪的主体依法追究其责任，即给予刑事处罚。

根据《中华人民共和国刑法》的规定，刑罚分为主刑和附加刑。主刑的种类包括：管制；拘役；有期徒刑；无期徒刑；死刑。附加刑的种类包括：罚金；剥夺政治权利；没收财产。主刑只能独立适用，附加刑既可以独立适用，也可以作为主刑的附加刑适用。对犯罪的外国人，可以独立适用或者附加适用驱逐出境。

公司、企业、事业单位、机关、团体实施危害社会的行为，法律规定为单位犯罪的，应当负刑事责任。单位犯罪的，对单位判处罚金，并对直接负责的主管人员和其他直接责任人员判处刑罚。

经济法律责任具有不可分割性，追究经济法律责任必须统一进行。在具体追究经济法律责任时，民事责任、行政责任和刑事责任既可以单独适用，又可以合并适用。经济法主体违反经济法律、法规，需要予以处罚时，一定要视其情节轻重区别对待。

第二章 竞争法律制度研究

竞争是市场经济的基本特征，也是保持市场活力重要因素。科学合理的竞争能够促进市场主体的共同进步，繁荣经济，恶性竞争不仅会对竞争双方造成损害，还会对市场的正常运转造成影响。市场竞争法律制度能够规范市场主体的竞争行为，保证正常的市场秩序，促进市场经济的发展。

第一节 竞争与竞争法概述

一、竞争的概念和功能

（一）竞争的概念

竞争是人类社会生活中普遍存在着的一种现象，诸如经济竞争、商业竞争、科技竞争、体育竞赛、文艺演出比赛以及国际竞争等。正是这种富有进取性和排他性的竞争推动着社会蓬勃发展。商品生产经营者之间的竞争，是经济领域里的竞争，是市场上的竞争，所以，人们把这种竞争称为经济竞争或市场竞争。

市场竞争一般是指商品生产经营者在市场经营活动中，为了取得有利的产销条件而进行的相互争胜活动。这种相互争胜的活动，是竞争者把自己生产经营的商品投入市场，接受价值规律和消费者的检验，相互比较，优胜劣汰的活动。

（二）竞争的特点

就市场竞争的一般性质而言，它有以下几个特点：

1. 竞争是独立的商品生产经营者之间的个体（不是群体）竞争

商品生产者都是单个的经济实体，具有自己特殊的经济利益，它们为追求自身经济利益的最大化,在市场上彼此之间进行竞争,因而具有个体、分散和排他的性质。

2. 竞争是不同经济力量的互相抗衡

在竞争中总有一方处于优势,另一方则处于劣势。在优势一方和劣势一方相抗衡这一总的形势下,竞争主要是发生在处于劣势地位的商品生产经营者之间。

3. 竞争总是充满活力

处于劣势地位的商品生产者,总是企图摆脱自己的不利地位,为摆脱不利地位而产生进取性,是一种旺盛的活力。正是这种活力,导致竞争形势的改变和竞争者地位的转化。商品生产经营者的活力以及由此而促成的市场地位的转化,是竞争这种经济力量最基本的特征。

4. 竞争是一种进步量

商品生产经营者开展竞争的正常方式是降低价格、提高质量或改善服务,因此而促进生产力和消费者福祉的不断提升。但是它们为了逐利,也倾向于伺机采取非正常且损害市场机制的方式进行竞争。这样的竞争方式包括违反商业道德的假冒伪劣、坑蒙拐骗,以及限制、排斥他人竞争等,并形成竞争法的客观基础,法律上的应对措施即为反不正当竞争法和反垄断法。

(三) 竞争的功能

竞争的这些特性和作用推动并左右着市场经济的运行。我们建立社会主义市场经济体制,就是要使市场在国家宏观调控下对资源配置起基础性作用,使经济活动遵循价值规律的要求,适应供求关系的变化,通过价格杠杆和竞争机制,把资源配置到效益较好的领域和环节中去,并给市场主体以压力和动力,实现优胜劣汰。竞争机制的功能和作用,具体来讲,主要有以下几项:

1. 通过竞争实现价值规律的作用

每个商品生产者为了使自己的生产和销售处于有利地位,获取更多的利益,总是设法使自己的个别劳动时间低于生产同类商品的其他企业所耗费的劳动时间，这就引起各商品生产者之间的竞争，自发地形成社会必要劳动时间。商品的价值正是由社会必要劳动时间决定的，从而也是由竞争决定的。正如恩格斯所说："只有通过竞争的波动从而通过商品价格的波动，商品生产的价值规律才能得到贯彻，社会必要劳动时间决定商品价值这一点才能成为现实。"作为客观规律，价值规律是不能被违背的，企图跳过市场经济发展阶段或者在存在商品货币的条件下否定价值规律，经济社会就会受到惩罚。

2. 竞争对经济的宏观调控具有积极的作用

在宏观调控上，必须发挥政府和市场两种手段的优势，保证经济健康、协调、持续发展。政府调控不是任意的，而必须遵循价值规律，适应供求关系的要求。政府调控必须立足于市场，在尊重市场机制的前提下利用市场机制，促进产业结构、产品结构、地区结构、进出口商品结构等更加合理，使国民经济平衡协调、又好又快地发展。

3. 竞争对微观经济活动具有激励作用

竞争的结果是优胜劣汰，生产经营者为了在市场生存和发展，必须努力改善经营管理，提高劳动生产率，提高产品和服务质量，增强竞争能力，否则就有倒闭破产、被淘汰的危险。

有益、有效的竞争需由竞争法加以保障。对于垄断和不正当竞争行为，任其发展就会损害市场机制，进而破坏市场经济，所以必须以竞争法加以遏制，引导市场竞争正常开展、市场经济健康运行。

二、竞争法概述

(一) 竞争法的含义

竞争法（Competition Law），在不同国家有不同的名称，美国称为"反托拉斯法"，欧洲称之为"竞争法"，日本称之为"禁止垄断法"。竞争法在各国市场经济的法律体系中占有十分重要的地位,美国将竞争法看做美国经济政策的基础,德国则认为其是市场经济的大宪章,而日本则认为其是经济宪章。

竞争法有广义和狭义之分。广义的竞争法,是指所有以维护公平竞争为目的、调整与市场相关的所有行业的结构与行为的法律规范的总称,包括反不正当竞争、反限制性竞争、反垄断等,而狭义的竞争法仅指反不正当竞争法。一般而言,发达国家竞争法的管制内容较宽,其立法也比较完善,因此可以说是广义上的竞争法。而发展中国家的竞争法的立法还处于起步阶段,只有少数国家制定了专门的竞争法,因此可以认为发展中国家的竞争法是狭义上的竞争法。

(二) 美国的竞争法

美国是目前国际上公认的最早制定竞争单行法的国家,第二次世界大战以后,西方主要国家也纷纷制定了本国的竞争法。

美国的反垄断法称为反托拉斯法,由两部分构成:一部分是一般性的规定,另一部分是实践中确立的重要原则。

1. 一般性的规定

美国有三个法案,集中体现了反托拉斯法的一般规定,即 1890 年的《谢尔曼法》(Sherman Act)、1914 年的《克莱顿法》(Clayton Act)和 1914 年的《联邦贸易委员会法》。

《谢尔曼法》主要是广泛禁止各种有组织的反竞争做法以及禁止垄断和市场控制。其中有两条重要的原则性规定:第一条规定是任何以托拉斯或其他形式的联合、契约或共谋,限制洲际或对外贸易或商业,均属非法、重罪;第二条规定是禁止任何人垄断,或企图垄断,或与任何其他人联合或共谋垄断洲际间或与外国之间的贸易或商业,否则被视为犯罪。

《克莱顿法》被称为管制兼并的武器,主要规定了视为反竞争行为的几种具体形式,即价格歧视、独家交易、搭卖安排和兼任董事。

《联邦贸易委员会法》主要是程序法,但在实体方面作了扩大,规定凡商业中的不正当竞争方式和商业中的不公平或欺骗性的行为或做法均属于违法,应予禁止。

2. 实践中确立的重要规则

美国是个判例国家，所以，具体判定一种行为是否构成反竞争做法，还需由在实践中形成的重要规则来确定。

（1）合理规则。

某些对竞争的限制比较模糊的行为是否构成违法，必须慎重地考察企业行为的意图、行为方式以及行为后果等综合因素后，才能作出判断。只有企业存在谋求垄断的意图，并通过不属于"工业发展正常方法"实现了目的，造成对竞争的实质性限制的情况下，其行为才构成犯罪。

（2）本身违法规则。

某些行为具有明显的反竞争性质，只要此类行为发生，则无需对其他因素进行考虑即可判定违法。属于此类的行为是：固定价格、联合抵制、拒绝交易、瓜分市场、维持转售价格、搭售及滥用专利权等。

3. 美国竞争法的适用性

适用性最明显地表现在以下两个方面：

一是出口卡特尔豁免，也就是说不适用于本国在出口方面针对外国市场作出的限制竞争和垄断的做法。即在出口方面的限制性做法，只要并非有意地、人为地限制美国国内市场，或影响美国国内价格，或限制美国国内其他竞争者的出口贸易，则不受反托拉斯法的限制。

二是具有域外适用性。在国际贸易中，域外的公司实施了某种限制性商业行为，但只要影响了美国的市场竞争，则不论是美国公司还是外国公司实施的，都属于违反了反托拉斯法，因此要受到反托拉斯法的限制。

（三）欧洲共同体的竞争法

欧洲共同体内存在着两套平行的竞争法，一套是欧洲共同体竞争法，另一套是各成员国根据自己的情况制定的国内竞争法。

欧洲共同体竞争法主要体现在《欧洲经济共同体条约》中的第八十五条和第八十六条。第八十五条的内容是：禁止足以影响成员国之间的贸易，并以阻碍、限制或歪曲共同市场内部竞争为目的,或具有这种效果的所有的企业之间的协议、企业联合组织的决定和联合一致的行为。第八十六条的内容是：禁止在共同体内企业滥用足以影响成员国之间贸易的优势地位。在垄断与兼并方面,则依是否滥用支配地位来判断是否违法。欧共体对垄断与兼并的管制并不太严,一般支持欧洲共同体市场内的跨国合并,以增强欧共体的竞争力。但是有优势且处于支配地位的公司作出合并,如果合并增强了其地位,从而妨碍了欧共体内的竞争,则这种行为就违反了第八十六条的规定,应当予以禁止。

欧洲共同体的竞争法主要是模仿美国的竞争法,因此在适用方面具有域外适用性,主要是根据单一经济实体原则对反竞争行为进行限制和管制,目的和重点在于追究外国母公司的法律责任。

(四) 其他发达国家的竞争法

1. 德国的竞争法

德国的竞争法主要由两大立法构成：一是 1909 年的《反不正当竞争法》,该法主要是反对商业关系中不正当或不道德的行为；二是 1957 年颁布的、后经过多次修改的《反对限制竞争法》,该法禁止的行为主要是卡特尔和大企业滥用优势。

在卡特尔方面,只要是具有以下因素的合同,就是卡特尔合同：即当事人具有共同的目的,取得非法利润；合同可能有限制竞争的效果；合同通过对竞争的限制,可能影响市场流通。卡特尔合同在法律上是无效的,执行这种协议的企业可被处以 100 万德国马克的罚款。

在滥用优势方面,规定企业有优势并不违法,只是滥用优势才违法。依该法规定：所谓优势即指某企业在市场上没有竞争者,或与其他竞争者相比,某企业在产品市场上占优势。如果具有优势地位的企业滥用优势,不公平地妨碍别的企业或无正当理由不公平地对待别的企业,卡特尔就可以禁止其滥用优势行为,受损害的企业可以起诉,要求赔偿。

2. 英国的公平贸易法

英国的竞争立法主要是由以 1973 年的《公平贸易法》为核心的一系列单行法

组成。主要禁止的是垄断情势和限制性商业行为。

据英国的竞争法规定，一家公司或一项行动的两家以上的公司以阻碍或限制竞争的方式，提供或购买占市场25%的商品或服务，就存在着垄断的情势。在此情况下，政府垄断和合并委员会就会就是否存在垄断情势以及当事人的活动是否违背公共利益向国务大臣提出报告，国务大臣作出救济措施并经议会批准。

所谓限制性商业行为，通常是商品与劳务的供应商或加工商之间对价格、货物的销售条件、提供劳务的条件、生产商品的数量、提供的人员或供应的领域等的限制性做法。对于有以上限制性内容的协议，要向公平交易局登记，该局有权向法院起诉。另外，固定价格、分配市场、联合抵制等协议一般被认为也是非法的。

3. 日本的竞争法

1947年日本颁布《禁止垄断与保持公平贸易方法的法律》，此法已作了多次修改。日本反垄断法主要是禁止私人垄断、不合理的限制贸易和不公平的商业行为。私人垄断是指一种商业活动，如果一个企业家排除或控制其他企业家的商业活动，违背公共利益，造成特定贸易领域中竞争的实质性限制，实际上限制了竞争，就形成私人垄断。不合理的限制贸易则包括固定价格，限制生产、技术、产品、设备、客户或供应商，造成实质上限制竞争的商业活动。不公平的商业行为包括歧视待遇、以过高的价格进行交易、胁迫客户等做法。对于上述行为不仅是一般违法，而且是刑事违法。

第二节 反垄断法

一、反垄断法的概念

垄断对市场经济的发展和市场秩序的稳定具有极为消极的作用，为了保护市场经济的健康发展，维护市场经济秩序的稳定，我国对市场垄断进行了立法。世界上反垄断立法最早的是美国。我国的反垄断法，即《中华人民共和国反垄断法》

第二章 竞争法律制度研究

（以下简称《反垄断法》）是于 2007 年 8 月 30 日第十届全国人民代表大会常务委员会第二十九次会议正式通过成立的，自 2008 年 8 月 1 日起开始施行。

反垄断法与反不正当竞争法同属于市场竞争规制的法律范畴，因而也可以把反垄断法的调整对象简称为竞争法律关系。但反垄断法是从垄断行为的反竞争角度进行定性和规范的，因为垄断行为的性质是排斥竞争和限制竞争，企图达到独占或寡占的目的；而反不正当竞争法则是对存在竞争的情况下，运用违背商业道德和善良风俗的手段，打击正当经营的竞争对手的行为进行规制。两者具体规制的行为有所区别，作为规范市场竞争秩序的法律，它们在立法的宗旨、法律的价值目标上以及在某些调整的方法上是有许多共同之处的。

综上所述，反垄断法是调整国家在规制市场主体或其他机构以控制或限制市场为目的而实施的反竞争行为过程中所发生的社会关系的实体法和程序法规范的总和。

二、垄断行为

根据我国《反垄断法》的规定，市场主体或有关组织实施的垄断行为包括以下几种。

（一）经营者达成垄断协议

这里所称的垄断协议，是指经营者之间达成的排除、限制竞争的协议、决定或者其他协同行为。根据《反垄断法》第 13、第 14 条的规定，属于经营者达成垄断协议的垄断行为有以下两种。

1. 具有竞争关系的经营者达成垄断协议

这一垄断行为主要包括：固定或者变更商品价格；限制商品的生产数量或者销售数量；分割销售市场或者原材料采购市场；限制购买新技术、新设备或者限制开发新技术、新产品；联合抵制交易；国务院反垄断执法机构认定的其他垄断协议。

2. 经营者与交易相对人达成垄断协议

这一垄断行为具体包括：固定向第三人转售商品的价格，限定向第三人转售商品的最低价格；国务院反垄断执法机构认定的其他垄断协议这三种。

有些情况下经营者为了获得更好的发展机会可以采用达成协议的方式进行市场拓展活动，但必须符合以下几种情形：为改进技术、研究开发新产品的；为提高产品质量、降低成本、增进效率，统一产品规格、标准或者实行专业化分工的；为提高中、小经营者经营效率，增强中、小经营者竞争力的；为实现节约能源、保护环境、救灾救助等社会公共利益的；因经济不景气，为缓解销售量严重下降或者生产明显过剩的；为保障对外贸易和对外经济合作中的正当利益的；法律和国务院规定的其他情形。

(二) 滥用市场支配地位

所谓市场支配地位，是指经营者在相关市场内具有能够控制商品价格、数量或者其他交易条件，或者能够阻碍、影响其他经营者进入相关市场能力的市场地位。认定经营者是否具有市场支配地位，应当依据下列因素。

① 该经营者在相关市场的市场份额，以及相关市场的竞争状况。
② 该经营者控制销售市场或者原材料采购市场的能力。
③ 该经营者的财力和技术条件。
④ 其他经营者对该经营者在交易上的依赖程度。
⑤ 其他经营者进入相关市场的难易程度。
⑥ 与认定该经营者市场支配地位有关的其他因素。

根据《反垄断法》第 17 条的规定，属于具有市场支配地位的经营者从事的滥用市场支配地位的行为有以下几种。

1. 以不公平的高价销售商品或者以不公平的低价购买商品

这里指占有支配地位的经营者不正当地确定、维持、变更商品价格的行为。占有支配地位的企业为了获得超额的垄断利润或者排挤竞争对手，从而确定、维持和变更商品的价格，以高于或者低于在正常的竞争状态下可能实行的价格来销售其产品。该行为严重损害了消费者权益，使得消费者享有的部分福利转移到垄断厂商；同时也妨碍其他竞争者的进入，对市场竞争构成实质性的限制。

2. 没有正当理由以低于成本的价格销售商品

这主要是指处于市场支配地位的企业以排挤竞争对手为目的，以低于成本的价格销售商品。首先，以低于成本的价格销售商品的行为是一种不公平的低价行为，实施该行为的企业占有一定的市场支配地位，他们具有资产雄厚、生产规模大、分散经营能力强等竞争优势，所以有能力承担暂时故意压低价格的利益损失，而一般的中、小企业势单力薄，无力承担这种牺牲。其次，经营者以低于成本的价格销售商品若没有正当理由，可以推定是以排挤竞争对手为目的的故意行为，实施该行为的企业可能会造成短期的利益损失，但是这样做的目的是吸引消费者，以此为代价挤走竞争对手，行为人在一定时间达到目的后会提高销售价格，独占市场。其对市场和消费者造成的不利影响是显而易见的。

3. 没有正当理由拒绝与交易相对人进行交易

这里指制造商没有正当理由拒绝向购买者，尤其是零售商或批发商销售商品的行为，也即拒绝交易行为。制造商通过拒绝供货行为，可以强迫批发商或零售商按照其规定的价格等条件销售商品，从而限制了该种商品的价格竞争，也会造成其他经营者进入该市场的障碍。

4. 没有正当理由搭售商品或者在交易时附加其他不合理的交易条件

搭售和附加不合理交易条件是在市场交易中占优势地位的市场主体滥用市场支配地位的体现，具体来说就是优势市场主体在向消费者提供商品时，强行附加不相关的购买条件或者搭售消费者并不需要的产品或者服务。搭售行为是一种漠视消费者合法权益的行为，消费者处于被动选择或者无法选择的境地。搭售在市场生活中并不鲜见，很多商家在销售畅销产品时，会与一些滞销商品捆绑交易，消费者为了获取想要的产品不得不购买商家的滞销品。搭售是一种不正当的市场行为，更是一种性质恶劣的竞争行为，它违反了市场经济交易的基本原则，是对消费者权利的侵害。

5. 国务院反垄断执法机构认定的其他滥用市场支配地位的行为

有下列情形之一的，经营者没有证据证明不具有市场支配地位的，可以推定该经营者具有市场支配地位。

① 一个经营者在相关市场的市场份额达到 1/2 的。
② 两个经营者在相关市场的市场份额合计达到 2/3 的。
③ 三个经营者在相关市场的市场份额合计达到 3/4 的。

(三) 经营者集中

根据《反垄断法》第 20 条的规定，经营者集中是指下列情形。

1. 经营者合并

经营者合并是指两个或两个以上的独立的经营者为了获取更大的竞争优势，通过签订契约协议，依法将两家企业合并经营的行为。经营者的合并通常是出于合作双方的共同意愿，合并协议一经签订，双方必须要严格执行相关条款。

2. 经营者通过取得股权或者资产的方式取得对其他经营者的控制权

经营控制权的实现方式主要有有两种：

第一种是经营者通过合法的渠道和途径采用购买、置换等方式取得其他企业的股东，并依靠股份数额的优势获取这些企业的经营控制权力，实现对企业的控制。

第二种方式是经营者通过合法的渠道和途径，采用购买、置换、抵押等方式取得其他的资产或者入股企业成为企业股东，从而实现对企业的控制权。

3. 经营者通过合同等方式取得对其他经营者的控制权或者能够对其他经营者施加决定性影响

一家企业可以通过多种途径实现不同企业之间的合作和控制关系，比如委托经营、联合经营、兼并吸收等。不同的合作和经营方式的作用和效果有所不同，但无论哪种方式进行企业合作或者控制，其最终的目的都是在市场竞争中获取更多的优势。

（四）滥用行政权力排除、限制竞争

根据《反垄断法》第 23 条的规定，属滥用行政权力排除、限制竞争的行为有以下几种。

1. 地域保护

行政机关和法律、法规授权的具有管理公共事务职能的组织滥用行政权力，妨碍外地商品在本地商场进行流通的行为，主要有以下几种。

（1）对进入本地市场的外地产品进行限制，设定歧视性或者阻碍性的税费标准。

（2）采取不同标准的产品检验标准，比如对进入本地市场的外地产品进行远高于本地产品的技术要求、质量标准，目的是限制其进入本地市场，减小对本地同类商品的冲击。

（3）采用某些针对性的政策或者严格的行政许可制度，对外地产品的准入资格进行限制。

（4）设置关卡或者采取其他手段，阻碍外地商品进入或者本地商品运出。

（5）阻碍外地产品交易或者流通，排挤外地企业的其他妨碍正常竞争秩序的行为。

2. 不平等待遇

行政机关、法律机关、法律监督执行机关以及公共事务管理机关为了保护本地市场，出台针对外地产品的政策，对外来产品采取双重标准，降低外地产品在本地市场的竞争力。虽然这不符合市场经济发展的基本规律，但在现实生活中却不可避免地存在，外来产品遭受不平等待遇是一种普遍现象。

3. 强制经营

行政机关和法律、法规授权的具有管理公共事务以及经济事务管理功能的单位或组织，利用自己的行政权力，强制市场主体从事《反垄断法》明确禁止的垄断经营行为。

4. 行政机关滥用权力

行政机关滥用行政权力，主要表现在制定明显偏向和维护本地企业的市场政策，对外来商品或经营者进行限制或者排挤的不公正的市场现象。

三、垄断行为的法律责任

(一) 经营者的法律责任

经营者实施垄断行为，除了给他人造成损失的，依法承担民事责任外，还应承担下列责任。

1. 经营者实施垄断协议的法律责任

经营者违反《反垄断法》规定，达成并实施垄断协议的，由反垄断执法机构责令停止违法行为，没收违法所得，并处上一年度销售额1%以上10%以下的罚款；尚未实施所达成的垄断协议的，可以处50万元以下的罚款。确定具体罚款数额时，应当考虑违法行为的性质、程度和持续的时间等因素。

经营者主动向反垄断执法机构报告达成垄断协议的有关情况并提供重要证据的，反垄断执法机构可以酌情减轻或者免除对该经营者的处罚。

行业协会违反《反垄断法》规定，组织本行业的经营者达成垄断协议的，反垄断执法机构可以处50万元以下的罚款。确定具体罚款数额时，应当考虑违法行为的性质、程度和持续的时间等因素；情节严重的，社会团体登记管理机关可以依法撤销登记。

2. 经营者滥用市场支配地位的法律责任

经营者违反《反垄断法》规定，滥用市场支配地位的，由反垄断执法机构责令停止违法行为，没收违法所得，并处上一年度销售额1%以上10%以下的罚款。确定具体罚款数额时，应当考虑违法行为的性质、程度和持续的时间等因素。

3. 经营者实施集中垄断的法律责任

经营者违反《反垄断法》规定实施集中的，由国务院反垄断执法机构责令停止实施集中、限期处分股份或者资产、限期转让营业以及采取其他必要措施恢复到集中前的状态,可以处 50 万元以下的罚款。确定具体罚款数额时,应当考虑违法行为的性质、程度和持续的时间等因素。

4. 经营者拒绝配合反垄断调查的法律责任

经营者对反垄断执法机构依法实施的审查和调查,拒绝提供有关材料、信息,或者提供虚假材料、信息,或者隐匿、销毁、转移证据,或者有其他拒绝、阻碍调查行为的,由反垄断执法机构责令改正,对个人可以处 2 万元以下的罚款,对单位可以处 20 万元以下的罚款;情节严重的,对个人处 2 万元以上 10 万元以下的罚款,对单位处 20 万元以上 100 万元以下的罚款;构成犯罪的,依法追究刑事责任。

(二) 法定授权组织的法律责任

行政机关和法律、法规授权的具有管理公共事务职能的组织滥用行政权力,实施排除、限制竞争行为的法律责任。

行政机关和法律、法规授权的具有管理公共事务职能的组织如果滥用权力,干扰市场经济的公平运行,一经发现由上级机关责令改正,并对相关负责人进行行政和法律处罚。市场反垄断机构和职能部门有义务向上级机关据实反映情况,并应对当事责任人的处罚给出专业、合理建议。

法律、行政法规对行政机关和法律、法规授权的具有管理公共事务职能的组织滥用行政权力造成市场公平性被破坏的,外来商品和商户被排挤的,依法对其进行处罚。

(三) 反垄断执法机构工作人员的法律责任

反垄断执法机构工作人员滥用职权、玩忽职守、徇私舞弊或者泄露执法过程中知悉的商业秘密,构成犯罪的,依法追究刑事责任;尚不构成犯罪的,依法给予处分。反垄断执法机构工作人员是反垄断行为的重要力量,对这些工作人员的严格要求是保证市场秩序稳定的重要保障。

第三节 反不正当竞争法

一、反不正当竞争法的概念

(一) 不正当竞争行为的概念

不正当竞争行为是法律禁止经营者在市场竞争中采用的竞争行为。根据我国《反不正当竞争法》的规定和解释,不正当竞争行为是指违反《反不正当竞争法》的规定,通过不正当的竞争行为,以损害其他经营者为前提提升自身竞争力、破坏市场秩序和社会秩序的行为。

(二) 反不正当竞争法的概念

反不正当竞争法是指调整在制止不正当竞争过程中发生的社会关系的法律规范的总称。反不正当竞争法的作用是约束与禁止各种不正当的市场竞争行为,保护所有市场主体的合法权利,促进市场经济的正常、稳定发展。

二、不正当竞争行为

我国《反不正当竞争法》第二章规定了十一类不正当竞争行为。

(一) 假冒或仿冒行为

假冒或者仿冒其他经营者产品的,利用他人的市场信誉非法谋取利益,这种行为对被假冒企业的市场形成很大的损害,是一种性质严重的侵权行为。

根据《反不正当竞争法》第5条的规定,属于这类不正当竞争行为的形式有如下几种。

(1) 假冒他人的商标进行商业注册。商标是企业的标志,也是企业市场形象和市场信誉的标识,对企业来说具有重要的意义,假冒商标的行为会对企业的市场信誉和市场形象造成负面的影响。假冒他人商标非法获利违反了《商标法》的相关规定，是一种利用非法手段获取竞争优势的不正当竞争行为。

（2）未经授权和允许擅自使用知名企业或商品特有的包装、名称或者使用与知名商品或企业非常相近的商标、包装等行为都是违反《反不正当竞争法》的不正当竞争行为。

（3）未经授权和允许擅自使用其他的企业名称、姓名或与之相似的名称、姓名，误导消费者的行为。

（4）在商品上冒用质量标识的行为。

(二) 公用企业限制竞争行为

公用企业限制竞争是维护市场公平的必要条件，公用企业大多是在市场上占据绝对优势或垄断地位企业，这种优势或垄断地位往往是因为政策因素获得的，因此公用企业在与其他企业的竞争中要限制自己的竞争行为，尊重其他企业的利益。

公用企业的不正当竞争行为主要有两类：

第一类，是指公用事业的经营者，如供水、供电、邮政、通信、石化、运输等行业的经营者。

第二类，是指在市场上处于垄断地位的企业，这些企业在市场具有绝对的统治力和竞争优势，这些企业要依法遵守限制竞争的基本要求，比如中国石化等垄断性企业。

从行为的客观方面来看，享有独占地位的经营者限定他人购买其指定的经营者商品，由于经营者的这种行为限制了用户、消费者的自主选择权，将其他经营者排斥在特定的市场之外，妨碍了市场的公平竞争机制的正常运行，因此被我国反不正当竞争法禁止。

(三) 政府及其所属部门限制竞争行为

政府及其所属部门限制竞争行为是指政府及其所属部门滥用行政权力限制市场竞争的行为。

根据我国《反不正当竞争法》第 7 条的规定，政府部门及其所属机构不正利用职权，对市场竞争的公平性造成影响的行为主要有以下几个方面。

（1）利用政策或行政法规限定消费者购买指定经营者商品或者服务的行为。

（2）利用政策或行政法规限制其他经营者正当进行市场竞争活动的行为。

（3）利用政策或行政法规保护本地经营者，限制外地商品或者经营者进入本地市场的行为。

（4）利用政策或行政法规限制本地商品的流通，阻止其向外部市场扩散的行为。

前两类行为被称为超经济强制交易行为，后两类行为被称为地区封锁。这两类限制竞争行为都严重地破坏了公平竞争，是被法律严厉制止的滥用行政权力的行为。

（四）商业贿赂行为

商业贿赂行为是指经营者在市场交易活动中，利用行贿的手段来谋求自己在政策或者其经营要素上的便利，以获取更多的竞争优势，战胜其他竞争对手。

我国《反不正当竞争法》第 8 条规定："经营者不得采用财物或其他手段进行贿赂以销售或者购买商品。在账外暗中给予对方单位或者个人回扣的，以行贿论处；对方单位或者个人在账外暗中收受回扣的，以受贿论处。经营者销售或购买商品，可以以明示方式给对方折扣，可以给中间人佣金。经营者给对方折扣、给中间人佣金的，必须如实入账。接受折扣、佣金的经营者必须如实入账。"

（五）虚假宣传行为

虚假宣传行为是一种欺骗消费者的行为，经营者利用广告或者其他宣传手段，对商品的质量、功能、效果等商品特性进行夸大或者虚假的宣传。

《反不正当竞争法》第 9 条规定："经营者不得利用广告或者其他方法，对商品质量、制作成分、性能、用途、生产者、有效期限、产地等做引人误解的虚假宣传。广告经营者不得在明知或应知的情况下，代理、设计、制作、发布虚假广告。"

虚假宣传行为严重侵害了用户、消费者的合法权益，严重扰乱了社会经济秩序，因此我国《反不正当竞争法》明确禁止经营者的虚假宣传和经营行为。

第二章 竞争法律制度研究

(六) 侵犯商业秘密行为

侵犯商业秘密是指经营者通过盗窃、利诱、胁迫以及其他非法手段获取竞争对手的商业机密行为。

我们这里所说的商业机密范围较我们平时所提到的"商业秘密"范围更广，凡是需要保密的、能够为经营者带来经济收益的信息都可以算做"商业秘密"，比如商品生产的核心技术、企业营销计划等。从这一描述中我们可以体会"商业秘密"的三个基本特点，即秘密性、实用性以及保密性，这也是构成商业机密的三个必要条件，缺少任何一个特点都不能成为"商业秘密"。

根据《反不正当竞争法》第10条的规定，经营者在市场活动中侵犯对方商业秘密的行为主要有以下几种。

（1）通过盗窃、利诱、胁迫等不法手段，获取竞争对手的商业机密，获取竞争优势。

（2）披露、使用或允许他人使用以不正当或者违法手段来获取其他经营者的商业秘密。

（3）违反合约规定，将企业的机密通过不同的途径和渠道泄漏出去。

(七) 低价倾销行为

倾销是一种利用价格因素赢得竞争的方法，倾销产品的价格低于市场价格甚至成本价格，目的将竞争对手排挤出同类市场，逐步实现垄断。我们需要明确一点，倾销是以低于产品生产成本的价格进行市场销售，但低于成本价销售的行为不一定都是倾销行为，比如企业通过低价出售积压物品减少损失。倾销的目的十分明确，消费者看似在倾销中获得好处，但从长远来看排挤其他竞争者的行为最终会导致市场垄断，消费者失去商品选择权。

根据《反不正当竞争法》第11条的规定，下列产品降价或者低于产品生产成本销售的情形不属于不正当竞争行为。

（1）降价销售鲜活商品的行为。

（2）接近保质期时，经营者可以低价处理商品。

（3）季节性商品随着旺季的到来而降价。

（4）企业难以正常运转时，清偿债务、转产、歇业降价所采取的降价销售行为。

（八）不正当有奖销售行为

不正当有奖销售行为是指经营者利用金钱、物质或其他利益引诱购买者与之发生交易关系，从而达到排挤竞争对手的目的。有奖销售是一种营销手段，但必须在法律的约束和规范之下，否则就会变成不正当营销。

根据《反不正当竞争法》第13条的规定，以下几种有奖销售行为属于不正当竞争。

（1）谎称有奖或者利用特殊手段让内部人员获奖以吸引消费者的行为属不正当竞争行为。

（2）有奖销售必须是销售正常商品，利用有奖销售推销质量不合格的产品属于不正当竞争行为。

（3）抽奖式有奖销售的奖金或者产品必须控制在一定的范围之内，不得超过5000元人民币。

从上面的描述中我们可以看出，我国法律并不是完全禁止有奖销售行为，而是为其设定了具体的法律框架。在法律规定的范围内，尊重消费者的利益的有奖销售活动，属于正当营销行为。

（九）商业诋毁行为

商业诋毁行为是指经营者捏造事实、散布谣言，对竞争对手进行诋毁的行为。

我国《反不正当竞争法》第15条规定："经营者不得捏造、散布虚伪事实，损害竞争对手的商业信誉或商品声誉。"经营者利用商业诋毁行为对竞争对手进行打击的行为是一种性质严重的违法行为，相关责任人和企业要承担相应的民事责任，如果违法情节严重对受害企业造成巨大损失的，还要追究其相应的刑事责任。

(十) 串通招标、投标行为

串通招标、投标是指在中标企业的投标活动中，两个或者两个以上的投标人或招标人通过达成协议来限制竞争的行为。传统招标或投标行为主要表现为投标者之间相互串通与招标者之间共谋。

我国《反不正当竞争法》第 15 条规定："投标者不得串通投标，抬高标价或者压低标价。投标者和招标者不得相互勾结，以排挤竞争对手的公平竞争。"

所谓的招标就是买方通过发放公告或者招标单的方式将交易的条件展示给所有卖家，卖家根据自己的实际状况通过提供符合买方交易条件的服务或者商品完成交易的一种行为。投标人（卖方）在投标中需要按照招标人（买方）的交易条件提供商品或者服务，招标人经常会收到多家企业的投标，招标方会根据投标人所提供的方案和价格对其进行评估，最终选定质优价廉的商品或服务供应商。招标是一种现代化的商业行为，也是一种竞争性很强的经济手段，为了保证招标活动的公平、公正，无论是招标者还是投标者都要按照法律的规定来约束自己的行为，公平竞争、合理竞争。

三、不正当竞争行为的法律责任

根据《反不正当竞争法》的规定，违反不正当竞争法的市场主体，根据其情节和社会影响，承担不同程度的民事责任、行政责任和刑事责任。

(一) 民事责任

经营者违反《反不正当竞争法》的规定，在市场竞争中采用不正当手段进行市场竞争，对被侵权市场主体造成侵害或经济损失的应依法承担民事责任。

1. 承担不正当竞争行为的民事责任的条件

（1）经营者在市场竞争中采用法律认定的不正当竞争手段。

（2）其他经营者的合法权利受到侵害，如经济损失、市场信誉受损、人身权利被侵害等。

（3）经营者所采取的不正当竞争手段与被侵害主体所遭受的侵害与损失具有因果关系。

（4）经营者的不正当竞争手段是主观故意所为，这是判定侵权性质的关键要素。

2. 承担不正当竞争行为的民事责任的方式

经营者因自己的不正当竞争行为，侵害其他市场主体的侵权行为所承担的民事责任主要包括：停止违法侵害、排除竞争障碍、消除市场影响、恢复名誉以及赔偿损失等。其他民事责任方式在诉讼事件当中不一定具备实施条件，此种情况下以赔偿损失代替，这是不正当竞争侵权民事责任的基本形式。

3. 不正当竞争行为损害赔偿的范围和标准

（1）赔偿的范围。

不正当竞争对其他市场主体造成的直接经济损失和间接经济损失，侵权企业都要承担；对被侵权主体造成人身伤害的，需要承担赔偿责任；假冒其他经营者商品非法获取利益的，要将全部非法获利赔偿被侵权主体。

（2）赔偿的标准。

通常来说，不正当竞争的赔偿标准都是以不正当竞争行为的非法获利为基础的，偿额为全部非法获利。

（二）行政责任

（1）经营者假冒他人商标，擅自使用他人企业标志、产品名称、质量标志，并伪造产地的行为，要依据《商标法》和《产品质量法》的相关规定对侵权主体进行处罚。

（2）经营者的商业贿赂行为，如果情节轻微、损害较轻没有构成犯罪的，监督部门要依法对其进行经济处罚，金额在1万元以上20万元以下，并将非法所得全部没收。

（3）对于虚假宣传行为，相关部门应该根据情节的轻重，对其给予处罚，除令其停止不法宣传行为外，还要给予罚款、消除影响、没收非法所得等处罚。

（4）对于侵犯他人商业秘密的，监督检查部门应当责令停止违法行为，可以根据情节处以 1 万元以上 20 万元以下的罚款。

（5）对于经营者的不正当有奖销售行为，监督检查部门应当责令停止违法行为，可以根据情节处以 1 万元以上 10 万元以下的罚款。

（6）对于投标者的串通投标行为，其中标无效。监督检查部门可以根据情节处以 1 万元以上 20 万元以下的罚款。

（三）刑事责任

1. 商业贿赂罪

为牟取不正当利益，向公司、企业的工作人员行贿数额较大的，处 3 年以下有期徒刑或拘役；数额巨大的，处 3 年以上 10 年以下有期徒刑，并处罚金。公司、企业工作人员利用职务之便收受他人回扣或财物的，依收受金额大小可处 5 年以下（数额较大）有期徒刑或者拘役或 5 年以上（数额巨大）有期徒刑，可以并处没收财产。

2. 假冒商标罪

侵犯商标权或销售明知是假冒商标的商品，情节严重的，需要进行刑事处罚，处 3 年以下有期徒刑或者拘役，另外还要处以相应数额的罚金；情节特别严重的侵权者，根据相关法律处 3 年以上 7 年以下有期徒刑，并处罚金。

3. 假冒专利罪

假冒他人专利非法获利，情节严重，造成恶劣社会影响的，应处 3 年以下有期徒刑，并处或者单处罚金。

第三章　消费者权益保护法律制度研究

消费者是市场经济的重要组成部分，他们是商品流向的终端，决定着市场交易的兴衰。保护消费者的合法权益不受侵害是国家和社会应有的责任，也是保护市场经济繁荣发展的关键因素。消费者权益保护法律制度的确立，为保护消费者合法权益，促进市场经济的繁荣发展起到了重要的作用。

第一节　消费者权益保护法的概述

一、消费者和消费者问题

（一）消费者

消费者和经营者是市场交易的两大主体，是市场经济的基本组成部分，我们所说的消费者正是这两大主体之一的消费者。具体来说，消费者是指为满足个人或家庭生活消费需要而购买、使用商品或者接受服务的人，消费者是商品流通的最后一个环节。

（二）消费者问题

消费者问题，是指消费者在交易和消费中，其权益普遍容易遭受损害的问题。它是商品经济发展到一定程度，生产与消费高度分化，消费群体相对于生产经营者处于弱势的条件下产生的。

在小农经济或庄园经济条件下，生产与消费没有分化，生产者同时消费自己的产品，自给自足，少数只消费不生产的王室、贵族、封建主等"消费者"统治着生产者，他们不但不存在消费者问题，作为社会强者，反而不断给作为弱者的生产者制造种种的问题。

第三章　消费者权益保护法律制度研究

在商品生产和交换不甚普遍、尚未高度发达的时代，民法以其符合商品关系内在要求的形式平等对商品关系进行调整，包括相应的司法制度，承担起对商品经济的一般管理职能。"买者当心"、"出门概不退换"等是其遵循的基本法则。对具体交易关系的外在监督，如对交易标的数量、质量、价格、卫生等的监督，在这种条件下尚未成为普遍性制度，不具有消费者保护的特殊意义。

商品经济的高度发展和生产经营的垄断形态是消费者问题产生的根本原因。在此条件下，生产和消费普遍分化，出现了脱离土地、丧失生产资料、单纯靠工薪为生的雇佣劳动者，也即消费者。消费者和中小企业在垄断经营者面前丧失了讨价还价的能力，而中小企业仍有可能向广大消费者转嫁损失，与垄断组织竞争的不利条件又迫使它们之中的一部分充当奸商，或伪造仿冒，或以次充好，或行骗敲诈，最终受害的还是广大的消费者。

在科技迅速发展的时代，产品和消费服务不断推陈出新，消费者与生产经营者在有关商品的原理、性能、品质、使用方法等方面的信息越来越不对称，在商人追求利益最大化的各种促销手段和宣传面前，消费者也处于弱者的地位。消费者之弱，还表现为工薪消费的脆弱。来之不易的工薪在正常情况下大体可以应付消费者及其家庭消费之需，不时跌入消费陷阱就难免影响到其生计。昔日的洛克菲勒和今日的比尔·盖茨也消费，在法律上、形式上也是消费者，但其有足够的经济实力随心所欲地消费，并不是承受消费者问题的消费者群体中的一员。

中国还有其特殊的消费者问题，计划经济和短缺时代的官商遗风还不时可见，属于中世纪的野蛮、不文明的交易行为如强买强卖和不尊重人格等也没有绝迹，消费者不得不蒙受其害。消费者势单力薄，也缺少维权的专业知识和能力，往往难以依靠自己的力量去寻找和追究损害其权益的行为人，加之诉讼费时耗力、费用高昂，消费者因此在法律面前望而却步。

二、消费者保护运动和消费者权益保护法的产生

消费者问题激起并发动了消费者保护运动。就世界范围看，它一般经过由消

费者个人自发地自我保护，到由一定的组织自觉地保护，再到由国家进行更有组织、更有力的多手段、全方位的保护，即经历了由自发到自觉、由分散的个人保护到有组织的保护的发展过程。

消费者保护运动最早发源于美国。1881年，人类历史上第一个消费者协会在纽约成立。1898年美国成立了世界上第一个全国性消费者组织——"全国消费者同盟"。日本消费者保护运动发展于第二次世界大战以后。1956年，日本成立"全国消费者团体联合会"。其他国家也相继发动和发展消费者保护运动，现仍在发展中，且逐步向高级发展。消费者保护组织也在日益增多，其作用日益增强。

我国在计划经济体制时期，消费者运动并未展开。改革开放以来，消费者问题大量发生，消费者保护运动兴起且发展迅速，其特点是，从一开始即在政府的自觉引导和全力支持下进行。1984年12月，全国性消费者组织——"中国消费者协会"诞生。目前，全国已建立县级以上的消费者协会3 270个、基层组织15万多个。

消费者保护运动的进一步巩固和发展，对消费者问题最大限度的解决以及对消费者权益的最强有力的保护，归根结底，还是主要靠法律手段。所以，消费者权益保护法必然产生。

资本主义进入垄断时期后，国家开始运用"有形之手"调控市场经济。由于消费者问题日益严重所带来的社会不安以及消费者保护运动的压力，如何在交换、消费领域保护消费者应有的合法权益，已成为国家干预、管理经济生活的重要目标和经济立法的主要方向之一。因此，在这个时期，资本主义各国颁布了不少含有保护消费者规范的法律、法规，这些法律、法规广义上均可属于消费者保护法体系。狭义的和典型的消费者权益保护法，第一个应数1968年日本制定的《保护消费者基本法》。之后许多国家都相继制定。

我国在正式颁布《消费者权益保护法》之前，已有不少有关法律、法规对人们应有的人身、财产安全等方面的权利予以规范和保护，如《宪法》《民法通则》《产品质量法》《反不正当竞争法》等。许多省、自治区、直辖市也制定了保护消费者权益的地方性法规。第一个地方性法规是1987年福建省人大常委会通过的

第三章 消费者权益保护法律制度研究

《福建省保护消费者权益条例》（现已废止）。1993年10月31日，八届全国人大常委会四次会议通过了我国第一部有关消费者权益保护的基本法《消费者权益保护法》。2009年8月27日，十一届全国人大常委会十次会议通过《关于修改部分法律的决定》对其予以修正，各章及条款内容未变，主要在第一章至第五章的各条款前作了提示。

《消费者权益保护法》共8章55条，各章顺序为：总则，消费者的权利，经营者的义务，国家对消费者合法权益的保护，消费者组织，争议的解决，法律责任，附则。

三、消费者权益保护法的概念和调整范围

消费者权益保护法的概念有广义、狭义之分。广义的消费者权益保护法是指所有有关保护消费者权益的法律、法规，实际上是指保护消费者权益法律体系，包括消费者权益保护法的基本法、安全保障法、标准和计量监督法、标示监督法、价格监督法、消费合同法、竞争监督法等。这属学理见解。我们主要讲的狭义的消费者权益保护法，即上述法律体系中消费者权益保护法的基本法——《消费者权益保护法》。

《消费者权益保护法》第2条规定："消费者为生活消费需要购买、使用商品或者接受服务，其权益受本法保护；本法未作规定的，受其他有关法律、法规保护。"由此可见，其调整范围包括：

（一）主体

消费者。因该法未明确指出消费者为个人，所以，可理解为：消费者主要指个人，但也包括购买生活消费品以满足本单位个人成员消费需要的组织。经营者（生产者、销售者）和有关国家机关也是主体。

（二）客体

生活消费资料，而非生产资料（也不包括生产消费资料）。但《消费者权益保

护法》第 54 条所列的"农民购买、使用直接用于农业生产的生产资料",仍属该法的客体范围。

(三) 关系

消费者购买、使用商品或者接受商品性服务的过程中所发生的关系。既包括购买商品,也包括使用商品;既包括本人使用,也包括他人使用。因此,消费者权益保护法所保护的不只是与经营者发生合同关系的消费者,也包括没有合同关系的有关的消费者以及受到经营者的商品侵害的其他人。

第二节 消费者的权利与经营者的义务

一、消费者的权利

(一) 安全保障权

《消费者权益保护法》第 7 条规定了安全保障权,具体包括:

1. 人身安全权

人身安全权主要包括:健康不受损害与生命安全有保障。当前,在我国,对消费者人身、健康安全的危害性最大的有两类商品:(1)所谓"进口"产品,即食物和药品;(2)具有危险性的现代日用商品。为防止"病从口入",我国《产品质量法》《食品安全法》《药品管理法》以及《刑法》等法律都作了规定。

2. 财产安全权

人身健康和财产安全的确定,有主观标准和客观标准。主观标准是人们制定的标准,包括国家和有关部门制定的国家标准、行业标准,其中又分强制性标准和推荐性标准;此外,还有企业标准。客观标准即实践标准,是人们在正常使用(无不当使用)商品或接受服务的情况下,所应达到的安全标准,亦即消费者有

第三章　消费者权益保护法律制度研究

权期待的，不会引起人身、财产安全问题的安全性。客观标准是主观标准的基础，在没有主观标准时则是一种补充。

(二) 知悉真情权

知悉真情权即知情权，《消费者权益保护法》第8条予以规定。该条第2款规定了知情的内容和范围。这里所说的"情"必须是真实情况。在《食品安全法》《药品管理法》等法律、法规中有更具体的规定。

知悉真情权是消费者与经营者交易时首先要行使的权利，也是经营者首先应履行的义务。经营者提供真实情况，实际上是对消费者的一种保证。这项权利的行使和落实，直接影响着商品售出后，消费者其他权利的行使。

对于知情权，当前存在的主要问题是：（1）商品情况标示不全；（2）商品情况的标示和说明有欺骗性；（3）商品标志不科学、不通俗。

(三) 自主选择权

《消费者权益保护法》第9条第1款肯定了消费者的自主选择权，第2款进一步说明自主选择权的内容和种类。表现在三个方面：（1）自主选择经营者；（2）自主选择商品品种和服务方式；（3）自主决定购买或不购买商品、接受或不接受服务。

消费者的自主权是消费者权利的核心，自主选择权便是消费者自主权直接、具体的体现。

消费者的自主选择权，从微观上说，主要决定于消费者自己，当然也受经营者的制约；从宏观上说，决定于各个国家、各个社会的经济发展状况。发达国家和发展中国家都各有自己的情况和问题，当前存在的问题有：搭售、强卖甚至谩骂、打人，侵犯消费者的自主选择权。

(四) 公平交易权

《消费者权益保护法》第10条列出有权获得的公平交易条件是：

1. 质量保障

质量保障主要包括：（1）商品质量安全；（2）商品质量能保证其应有的使用

性能；（3）符合经营者在其商品上或商品包装上或产品说明中标示的产品标准。

2．价格合理

价格合理主要是指不得非法牟利，更不可暴利"宰人"。当前存在的问题是：乱涨价、"搭车涨价"、变相涨价以及牟取暴利等。

3．计量正确

应采用正确的法定计量单位，使用经检验合格的计量工具，计算要准确。我国采用国际通用公制。

（五）获得赔偿权

《消费者权益保护法》第11条规定了获得赔偿权，即赔偿权、索赔权、求偿权。此项权利是与安全保障权紧密相连的权利。

赔偿的种类和范围包括：财产损失赔偿和人身损害赔偿。人身损害赔偿又包括健康、生命损害赔偿和精神损害赔偿。

不论是购买商品，还是使用商品；不论是购买商品的使用者，使用商品的消费者，还是既没有购买也没有使用商品的第三人，只要经营者的商品对他们造成了财产或人身伤害，均可依据此条获得赔偿。

为使受害的消费者能够方便、及时、有效地获得赔偿，联合国《保护消费者准则》第32条规定："各国政府应当制定并维护法律，使消费者或有关组织能够通过迅速、公平、花费不多和容易进行的正式或非正式的程序取得赔偿。"如设立小额索赔法庭，建立集团诉讼制度等。我国《民事诉讼法》第13章规定了简易程序，其第54、55条规定了代表人诉讼以及消费者组织和行政主管机关的调解、仲裁组织的仲裁等。这些都有助于消费者获得赔偿权的落实。

（六）成立团体权

《消费者权益保护法》第12条对此作出规定。消费者有权利成立维护自身利益的团体组织，当成员的合法权利受到侵害时，可以依靠团体的力量和帮助依法维权。

第三章　消费者权益保护法律制度研究

（七）获取相关知识权

《消费者权益保护法》第 13 条对此作出规定，包括：

1. 有关消费知识的获取权

消费者相关知识主要包括，关于消费商品和服务的基本知识和关于消费市场和经营者的知识两个方面。

2. 有关消费者权益保护方面知识的获取权

主要包括：（1）知晓有关消费者权益保护的主要法律、法规；（2）知晓消费者应有的权利和经营者应有的义务；（3）了解有关保护消费者的国家机关和消费者组织；（4）了解保护消费者的各种途径和程序，如行政保护、仲裁保护、司法保护、社会保护等。

（八）人格尊严、民族风俗习惯受尊重权

《消费者权益保护法》第 14 条对此作出规定，包括两个方面：（1）人格尊严应受到尊重；（2）民族风俗习惯应得到尊重。

（九）监督权

《消费者权益保护法》第 15 条第 1 款确认消费者有监督权，第 2 款是第 1 款的具体化。

监督的对象是经营者和国家机关及其工作人员。

监督的方式：检举、控告、批评、建议。

二、经营者的义务

（一）依法定或依约定履行义务

《消费者权益保护法》第 16 条规定，经营者应依照法律、法规的规定或依照合同的约定履行义务。

1. 经营者应依法履行法定义务

即依照《消费者权益保护法》《产品质量法》和其他有关法律、法规履行义务。《产品质量法》为生产者和销售者各规定了 7 项义务;《反不正当竞争法》则制裁有不正当竞争行为的经营者;此外,家用电器和其他产品的"三包"也是国家规定,必须予以执行。

2. 经营者应该依约履行合同义务

即经营者与消费者有约定的,应按照约定履行义务。但是,双方的约定,即合同的内容、条款,不得违反法律、法规的强制性规定。这样规定还是为了保护消费者,因为经营者可能凭借自己的优势,制定一些不利于消费者的条款。除非法律有任意性条款,否则,当事人不得以双方的约定,冲击和代替法律。

(二) 听取意见和接受监督的义务

《消费者权益保护法》第 17 条对此作出规定。

1. 听取意见

消费者不仅在购买商品时,即使在不购买商品时,也有权对经营者、对经营者的商品提出意见和建议,经营者对此应当听取,因为这对经营者也大有好处:(1)能改进商品质量,改善企业形象,增强竞争力;(2)不仅能保住现有的直接购买者,而且能争取更多的潜在购买者,使其变为现实购买者。经营者不仅应虚心听取意见,而且应主动征求意见。我国多年来"官商"作风严重,现正在改进。

2. 接受监督

经营者不仅要接受消费者的监督,而且要接受社会的监督。消费者对经营者提出意见、进行监督,不仅对商品本身,而且可对人,即对经营者及其工作人员进行监督;对于商品环境问题,消费者也可提出意见,进行监督。

(三) 保障人身和财产安全的义务

《消费者权益保护法》第 18 条对此作出规定。

第三章 消费者权益保护法律制度研究

1. 在一般正常情况下经营者的义务

经营者应保证其商品的安全性,对可能危及人身、财产安全的,应:(1)说明真实情况;(2)作好明确警示;(3)说明正确使用方法;(4)标明危害防止方法。上述的"说明""标明",均指一般知识水平的消费者所能理解和接受的。

2. 在非正常情况下经营者的义务

即当经营者发现其商品存在严重缺陷,即使正确使用,仍有可能造成消费者人身、财产损害时,经营者的义务是:(1)报告义务,即向有关行政部门报告;(2)告知义务,告知购买的消费者;(3)采取防止措施的义务。产品召回制度是一种防止缺陷产品扩散的断然措施。上述三项义务应同时履行、立即履行。

(四) 提供真实信息的义务

《消费者权益保护法》第19条对此作出规定。具体包括:提供真实情况;不作虚假宣传;真实、明确答复询问;明码标价等。例如,2000年10月31日,国家发展计划委员会发布《关于商品和服务实行明码标价的规定》,确立了明码标价制度,要求"价签价目齐全、标价内容真实明确、字迹清晰、货签对位、标示醒目。价格变动时应当及时调整"。

(五) 标明经营者真实名称和标记的义务

《消费者权益保护法》第20条对此作出规定。具体包括:经营者应当标明其真实名称和标记;租赁他人柜台和场地的经营者,应当标明其真实名称和标记。即使租赁期满后,在法律规定的情况下,消费者仍有权要求其承担责任。

(六) 出具凭据和单据的义务

《消费者权益保护法》第21条对此作出规定。

购货凭证或服务单据,一般指发票、保修单等。它们都属书面凭据,是经营者与消费者发生购货合同关系的证明,是日后消费者要求经营者履行"三包"等责任，以及发生纠纷后消费者要求索赔的有力证据。

上述第 21 条规定前后两段内容一致，但规定角度不同。前一段是规定经营者应依照国家规定出具凭证和单据，而不问消费者是否索要；后一段是规定消费者有权索要有关凭证和单据的，即使国家无规定，经营者也必须应消费者的要求而出具，这是一般商业习惯的要求。

经营者未出具凭证和单据，或凭证、单据内容不周延，都不能排除经营者依法应承担的义务，也不能剥夺消费者依法应享受的权利。

（七）质量担保义务

《消费者权益保护法》第 22 条对此作出规定。

这一条与第 18 条（保障人身和财产安全义务）规定的义务有所不同，它规定经营者的一般商品质量义务。经营者应当保证在正常使用商品的情况下，其提供的商品应具有的质量、性能、用途和有效期限；应当保证其商品的实际质量状况与其以广告、实物样品等方式表明的质量状况相符。"正常使用"是指一般消费者合理使用的情况。

这一条实际上也包含对消费者一定的制约：(1) 若消费者非正常、不合理地使用，则不能要求经营者对商品承担义务；(2) 此条还规定，在购买时消费者已知商品存在瑕疵，则不能向经营者主张上述权利。

（八）"三包"的义务

《消费者权益保护法》第 23 条对此作出规定。

"三包"即包修、包换、包退，亦即包修理、包更换、包退货。经营者应依照国家规定或与消费者之间的约定，承担"三包"责任和其他责任。

1. 依法承担"三包"和其他责任

对于一些重要的消费品，国家以法的形式规定了经营者的"三包"义务。1986 年，国家经委等部门发布《部分国产家用电器三包规定》。1995 年，国家又发布

第三章 消费者权益保护法律制度研究

了《部分商品修理更换退货责任规定》（以下简称《规定》），规定了 18 种产品，且注明为第一批，1986 年的规定作废。1995 年的《规定》就 18 种商品的整机、主要部件的有效期（保修期）分别列表规定，对销售者、修理者、生产者的三包义务分别作了规定。而且还指出：该《规定》在目录中规定出的指标是履行三包规定的最基本要求。国家鼓励销售者和生产者规定严于本规定的三包实施细则。还特别规定：本规定不免除未列入目录产品的三包责任和销售者、生产者向消费者承诺的高于列入目录产品三包的责任。

2. 依约承担"三包"和其他责任

不论是法定的还是约定的"三包"责任和其他责任，经营者均须按照国家规定或约定履行，不得故意拖延或无理拒绝。

（九）格式合同限制的义务

《消费者权益保护法》第 24 条对此作出规定。

这一义务与消费者的公平交易权相呼应，但内容并不对应。它不是从质量保障、价格合理、计量正确等方面予以规定，而是要求经营者不得以单方意思表示的形式作出对消费者不公平、不合理的规定，不得以此来减免自己的责任和侵犯消费者的权益。

这一条罗列了单方意思表示的形式：格式合同、通知、声明、店堂告示等。格式合同是指由经营者单方拟定的，消费者并未参加协商而签订的合同。格式合同和其他上述形式是经营者在其经营过程中可以使用的形式，但不得违法，不得用以进行不公平、不合理的交易，不得限制和侵犯消费者的利益，不得用以弱化自己应尽的义务和逃避法律责任。

（十）不得侵犯消费者人身自由的义务

《消费者权益保护法》第 25 条与第 14 条规定的消费者的人格尊严权相对应，其内容包括：（1）经营者不得对消费者进行污辱、诽谤；（2）不得对消费者搜身、搜物；（3）不得侵犯消费者的人身自由。

第三节　消费者权益的国家保护与社会保护

一、国家对消费者权益的保护

(一) 国家对消费者权益的整体保护

为了保护消费者的合法权利，国家在立法之初就要充分考虑消费者在市场经济中的地位和作用，并在立法、执法和司法各个环节中，加强对消费者权利的重视和保护。在消费者政策和立法保护方面，国家要确保消费者的合法权益，维护其市场主体地位。根据我国《消费者权益保护法》第四章的相关规定，国家尊重消费者市场主体地位，保护消费者的合法权益，主要体现在以下几个方面。

1. 在立法方面的保护

国家制定相关政策和法律、法规的过程中，都会充分听取消费者的意见和建议，不断完善消费者保护法律体系。除此之外，立法机关将一些消费者保护的行政政策，提升为国家法律的过程中，也充分听取消费者的意见，根据具体情况灵活执行相应条款。

2. 在行政管理方面的保护

政府行政管理工作与消费者保护的水平有着密切的关系，政府工作的时效性和保护消费者合法权益的态度对消费者权益保护工作的开展有着重要的作用。各级人民政府应该加强市场监督，对侵害消费者合法权益的行为进行及时的查处与曝光，并制定相应的政策和条例对消费者的合法权益进行保护。

我国《消费者权益保护法》对政府在消费者权益保护中的作用和义务进行了规定，除此之外，《消费者权益保护法》还特别强调了，政府某些部门在消费者权利保护中肩负的特殊职责。根据《消费者权益保护法》规定，各级人民政府的工商管理部门以及其他相关行政机关，在消费者权益保护工作中，要充分履行自己的职责,对消费者的权益进行保护,打击各种侵犯消费者权益的市场主体和经营行为。

3. 在惩处违法犯罪行为方面的保护

对违法犯罪行为有惩处权力的有关国家机关,应当依照法律、法规的规定,惩处经营者在提供商品和服务中侵害消费者合法权益的违法犯罪行为,以切实保护消费者的合法权益。

为了及时、有效地保护消费者的合法权益并对侵害消费者合法权益的违法犯罪行为进行惩罚,人民法院对此类案件应当适当缩短起诉流程,便于对案件及时进行审理。此外,对于涉及消费者权益保护的诉讼案件,人民法院不能驳回,必须依法受理,并及时对案件进行取证审理,切实保护消费者的合法权益。

(二) 政府部门对消费者权益的专门保护

在保护消费者权益方面,一些政府部门负有重要职责,如工商、价格、质量监督等部门,都在从各自职能的角度对消费者权益进行专门的保护。这些专门保护也是国家对消费者权益的整体保护的重要组成部分。下面仅以工商管理部门和价格管理部门为例,对消费者权益的专门保护问题略作说明。

1. 工商管理部门的专门保护

为了有效保护消费者权益,国家工商行政管理总局制定了一系列保护消费者权益的规范性文件,如《关于处理侵害消费者权益行为的若干规定》《欺诈消费者行为处罚办法》《工商行政管理机关受理消费者申诉暂行办法》等等。这些规定进一步增进了我国《消费者权益保护法》的可操作性,是对《消费者权益保护法》规定的进一步明确化和具体化。对此,下面主要从两个大的方面来作简要介绍:

(1) 工商管理部门对经营者义务的细化。

为了进一步加强对消费者权利的保护,《关于处理侵害消费者权益行为的若干规定》对经营者的义务作出了如下更加细致的规定:

经营者与消费者之间的交易约定对于双方权利的维护具有很好的促进效果。

在交易约定的约束之下，经营者与消费者之间产生纠纷的概率大大减小。双方都应该严格按照约定履行自己的责任和义务，如果某一方因为违反约定对另一方的合法权益造成损害，需要承担相应的法律责任。

在保障安全权方面，如果经营者的商品存在质量问题，即使消费者在正确使用或操作的前提下，仍然对消费者造成了危害，相关部门应该根据《消费者权益保护法》的规定，及时封停正在出售的同款产品，并报告工商管理部门进行后续处理；对已经销售出去的产品，政府部门要利用相关的宣传渠道对已经购买该类产品的消费者进行告知，并勒令经营者采取必要的措施对已出售的产品进行补救。

在公平交易权方面，经营者拟定制式的合同、通知、声明等文件中不能含有以下几种侵害消费者合法权益的内容：消费者承担额外义务；限制消费者变更、解除交易协议的权利；限制消费者维护自身合法权益的措施。

这些规定比《消费者权益保护法》中的条文更生动，更具体，对现实的针对性更强，对消费者的保护作用更大。因此，在消费者权益保护过程中，我们必须将相应的法律条文和法律规定具体化，充分发挥行政力量在消费者权益保护中的作用。

（2） 工商管理部门对欺诈消费者行为的特别处罚。

欺诈消费者的行为，是较为普遍的侵害消费者权益的行为，贻害甚深。为制止经营者在经营活动当中对消费者的合法权益进行损害，杜绝欺诈消费者的市场行为，工商行政管理总局根据我国消费者权益保护现状和当前实施的《消费者权益保护法》，专门制定了针对欺诈消费者的行为的《欺诈消费者行为处罚办法》，对市场经营中欺诈消费者的行为进行打击。

根据《欺诈消费者行为处罚办法》的规定，欺诈消费者的行为主要包括以下行为。

（1） 销售掺杂、掺假的劣质产品，以假充真，以次充好销售产品。

（2） 对计量工具或包装工具进行改装，产品分量不足。

（3） 以"残次品"正品销售。

（4） 欺骗消费者，以"清仓价""甩卖价"等欺骗性价格诱使消费者购买。

第三章　消费者权益保护法律制度研究

（5）用虚假信息、质量标准和实物样品误导消费者。

（6）冒用他人的名义或商标销售商品。

（7）利用"托儿"欺骗消费者。

（8）作虚假的现场演示和说明的。

（9）在公众场合对产品的功用、性能、效果等进行夸大、虚假宣传的行为。

（10）利用电话、电子邮件等信息化手段，骗取消费者交易款，但却不按约定向消费者提供商品的行为。

（11）以虚假的促销方式推销产品的，比如不符合法律规范的"有奖销售""还本销售"等带有欺骗性质的推销行为。

对于上述欺诈消费者的行为，我国法律和地方行政条例都有明确的规定，包括侵权行为的确认与具体的惩罚措施。从这些规定来看，法律、行政法规未作出说明的消费者侵权行为，由工商管理部门依据相关法律进行处罚。

经营者提供商品或者服务有欺诈性质或交易中存在欺诈行为的，要按照消费者的要求进行额外赔偿，通常赔偿额为消费者受侵害数额的一倍。这种赔偿制度我们称为"双倍赔偿"或者"惩罚性赔偿"，目的是对不法侵权者进行严厉的处罚和打击，对侵害消费者合法权益的行为进行威慑。

2. 价格管理部门的专门保护

对于消费者来说，价格是影响其权益的重要因素，并且，经营者通过价格行为来侵害消费者权益也是一个较为普遍的问题。为了解决这些问题，就需要价格管理部门通过运用《价格法》等法律来对价格行为进行规范，以实现对消费者权利的专门保护。

通过规范经营者的价格行为对消费者的合法权益进行保护是《价格法》的基本作用和宗旨。为了对消费者权益进行更加全面和有效的保护，《价格法》规定，经营者在商品定价过程中，不仅要尊重市场规律，还要遵循公平、合法以及诚实信用的市场交易原则。除此之外，经营者无论是在销售产品还是提供服务的过程中，都应该在尊重市场规律的基础上，按照政府价格管理部门的相关规定提供质量可靠、价格合理的商品，并注明商品规格、登记、产地等基本信息。经营者在确定销售价格以后，不能无故加价出售，任何未表明的额外交易收费都属于违法操作。

另外，为了保护消费者权利，经营者不应采取的不正当价格行为主要包括以下方面。

（1）经营者之间相互串通，随意变动商品价格，侵害消费者合法权益的行为。

（2）捏造、散布虚假市场信息，造成市场恐慌，趁机提价获取非法利益的行为。

（3）通过欺骗或者误导等方式促成交易，对消费者的合法权益造成侵害的市场行为。

（4）违反相关法律、法规的规定，通过不正当的手段侵害消费者合法权益，牟取暴利的市场行为。

对于经营者的价格行为，政府部门应当进行严格的监督与约束，规范市场主体的经营行为。经营者在接受政府部门的价格监督时，应该牢记自己的义务，在价格审查过程中积极配合政府部门的工作，提供真实可靠的审查资料。经营者因为违法《价格法》的相关规定，对消费者的合法权益造成损害的，应根据情节的轻重和社会危害的大小承当相应的法律责任。政府的价格主管部门，在处理价格违法行为过程中有权依据《价格法》的相关规定对侵权的经营者进行处罚。

二、社会对消费者权益的保护

保护消费者的合法权益是整个社会的共同责任，国家支持一切对消费者合法权益保护工作进行监督的个人和社会组织，并鼓励他们经常参与到消费者合法权益的社会保护之中。为了更好地保护消费者的合法权益，大众传媒应当肩负起自己的社会责任，配合相关部门做好消费者权益保护的宣传工作，并充分发挥大众媒介的社会监督作用对侵害消费者权益的市场行为和市场主体进行舆论监督。

此外，在合理保护消费者权益方面，必须充分发挥各种社会组织和团体作用，从而在更深层次和更广范围内对消费者权益进行保护。因此，我国《消费者权益保护法》第五章中对消费者社会保障组织进行了专门的规定。

依据《消费者权益保护法》的规定，消费者维权组织主要包括消费者协会和其他形式成立的消费者组织。消费者协会和其他消费者组织是依法成立的，依法对消费者的合法权益进行保障的社会组织。消费者协会和其他消费者组织都是非盈利性质的、具有一定公益性质的社会团体，它们不从事产品或者服务的经营活动，也不以获取利益作为存在目标。

在所有的消费者组织中，消费者协会（简称"消协"）是人们最熟悉的维权组织，也是目前存在最为广泛的消费者维权组织。消费者协会没有行政权力，其主要职责是对消费者和经营者的纠纷进行调节，保护消费者的利益。

各种消费者组织的产生，是我国消费者保护体系不断成熟的标志。这些组织的出现能够改变单个消费者力量有限、无力维权的局面，是我国法律维权制度建设的重要成果。在消费者问题越来越突出的今天，消费者组织的出现顺应了时代发展的潮流，必将在消费者权益维护方面发挥越来越重要的作用。

正由于消费者组织的作用日益重要，因而除了上述《消费者权益保护法》中的规定以外，在相关的法律中，也有关于消费者组织的规定。例如，我国《价格法》规定，消费者组织等相关组织以及消费者，有权对价格行为进行社会监督。这实际上是看到了社会力量在保护消费者权益方面的重要作用。

第四节 权益争议的解决与法律责任的确定

一、权益争议的性质和解决途径

《消费者权益保护法》中所说的争议是指消费者与经营者之间因商品质量造成消费者人身、财产损失而引发的纠纷。

争议的实质是经营者与消费者之间的价值目标的不同和物质利益的冲突。消费者与经营者之间的关系是对立统一的关系，他们相互依存、互为条件，但在具体经济关系中要求不同、互相对立。

《消费者权益保护法》第34条规定了解决争议的5种途径。这5种途径的约束力度和效力是依次增强的。

(一) 与经营者协商和解

协商和解是消费者与经营者在平等、自愿的基础上，就有关争议进行协商，最终达成解决争议的方案。

这是发生争议的初期最常采用的方式，具有方便、简捷、节约、及时等优点。

消费者可直接与经营者协商解决，也可委托消费者协会或其他人为代理人与经营者协商和解。协商和解的关键在经营者。

(二) 请求消费者协会调解

调解是指在消费者与经营者之间，当消费者协会作为第三方，就有关争议进行协调，双方达成协议，以解决争议的方式。

消费者协会是消费者运动由分散的自发的个人维护权利到自觉的有组织的抗争的产物，是消费者在市场经济条件下维护自身利益而组织起来的群众性的社会团体。在《消费者权益保护法》颁布之前，我国已在地方成立了消费者组织。1983年5月，河北省新乐县成立了我国第一个县级消费者组织；1984年4月，广州成立了第一个市级消费者组织；1984年12月，"中国消费者协会"成立。

消费者协会的基本任务是：（1）保护消费者合法权益；（2）对商品和服务进行社会监督。其职能（也是其职责），概言之，包括：提供信息咨询，参与监督检查，查询、提出建议，受理、调处投诉，提请质量鉴定，支持提起诉讼，通过媒介批评。消费者组织应依法、正确地履行职能，不得从事商品和营利性服务；不得以牟利为目的，向社会推荐商品和服务。

受理投诉时，消费者协会可作为中间协调人，在消费者与经营者之间进行调解。此种情况下的消费者协会并非消费者的代理人，应依法、公平调解，坚持以下原则：

自愿原则。调解全过程都应贯彻双方当事人自愿的原则。

合法原则。调解过程和调解方案都不得违法，不得损害国家、社会、集体和第三人的合法权益。

由消费者协会作为中间协调人参加的调解是民间调解，属非权力机构调解。

(三) 向有关行政部门申诉

向有关行政部门申诉是指向工商行政管理机关、技术监督机关及各有关专业部门申诉。有关行政部门对于消费者的申诉，应予以接受、及时答复和处理。

在保护消费者的组织体系中，国家处于最强者地位。国家对消费者合法权益的保护的特点是：整体保护、系统保护、综合保护。《消费者权益保护法》要求各级政府加强领导，组织、协调、督促有关行政部门做好保护消费者合法权益的工作；加强监督，预防和制止危害消费者人身、财产安全的行为；有关行政部门应当依照法律、法规的规定，在各自职责范围内，采取措施，保护消费者合法权益；对消费者的申诉应及时调查、处理。

有关行政部门对消费者的申诉及其与经营者的争议，可依法进行调解；可依法律规定和自己的职权，作出处理决定；对有违法行为的经营者，也可依法作出行政处罚。若进行调解，亦应坚持自愿、合法的原则。有关行政部门作出决定和处罚属行政行为，当事人在法定期限内未提起行政诉讼的，对已作出的决定或处罚，应当执行；如拒不执行，行政机关可依法执行或申请人民法院强制执行。

此外，还有两种争议解决途径，分别为根据仲裁协议提请仲裁和向人民法院提起诉讼。

二、赔偿责任主体和责任归属

赔偿责任主体是有关争议的认定、消费者请求权的落实以及争议的最终解决的问题。

《消费者权益保护法》第 35 条至第 39 条列举了消费者购买、使用商品后，合法权益受到侵害时的各种情况和具体关系。从中可以看出，以下经营者可能构成争议的赔偿责任方（赔偿责任主体）：（1）生产者；（2）销售者；（3）服务者；（4）企业分立、合并后，承受原企业权利、义务的单位；（5）营业执照的出借人、出租人；（6）展销会的举办者，柜台出租者；（7）广告经营者。以上各类主体或者是直接向消费者提供商品和服务的经营者，或虽未直接提供商品和服务但为其他经营者提供必要营销条件的关系人。

《消费者权益保护法》从保护消费者利益出发，设置了连带责任制度，分两种情况：一种是传统意义上的连带之债，被损害的消费者或其他受害人可以向其中的任一方责任主体提出赔偿要求；另一种是消费者或其他受害人只能向特定的责任方提出请求，再由付出赔偿金的一方向其他应负责任的责任方追偿，此种情况实为先行赔偿、代位赔偿。

（一）消费者可向任一方提出赔偿请求的

（1）消费者或其他受害人，因商品缺陷受到人身、财产损害的，可以向销售者要求赔偿，也可以向生产者要求赔偿。销售者和生产者都有义务履行对消费者或其他受害人的赔偿。向谁索赔由消费者或其他受害人决定。

赔偿后的销售者或生产者，如责任不在己方，可在事后向对方追偿（《消费者权益保护法》第35条第2款）。

（2）经营者使用其他经营主体的营业执照及其他资质文件向消费者提供商品或者服务的，如侵害消费者合法权益，对消费者造成人身损害或者财产损失的，消费者有权利使侵权人停止侵害，并赔偿相关损失（《消费者权益保护法》第37条）。

（二）消费者须先向特定一方提出赔偿请求的

（1）消费者在购买商品或者使用商品的过程中，其合法权利如果受到不法经营者的损害时，合法权益受到损害的可以依法向经营者要求停止侵害，并赔偿自己遭受到的损失。

在上述情况下，消费者只能向销售者要求赔偿。赔偿后的责任承担或分担问题，由销售者与生产者、其他销售者处理，与消费者无关。

第三章 消费者权益保护法律制度研究

《消费者权益保护法》第35条第1款的规定与第2款的规定区别在于：消费者购买、使用商品后，是一般合法权益受到损害，还是因商品缺陷而使其人身、财产受到侵害。后者属特殊侵权行为，须加重对消费者的保护。

（2）消费者在市场交易中，如因为消费行为或者使用经营者提供的商品或者服务而遭受到人身侵害或财产损失，而经营商已分立或者合并的，应在其完成重组后由新经营单位承担相应责任。

（3）消费者在展销会、租赁柜台购买商品或者接受服务，如果合法权益受到经营者的侵害，可以依法向商品或服务的提供者要求赔偿。在租赁期满或展会结束后，消费者也可以根据《消费者权益保护法》的相关规定，向展会主办方或柜台租赁者索赔。

（4）经营者对商品进行虚假宣传，消费者的合法权益因此而受到侵害的，应依法向相关责任方要求赔偿，并向相关部门举报该责任方的违法行为。另外，广告发布和制作方在消费者侵权中也存在违法行为，消费者有权利依法索赔。如果广告的经营者不能提供商品经营者的真实姓名、地址等信息，要依法承担额外的赔偿责任。关于广告经营者赔偿问题，我国《消费者权益保护法》第39条专门划定了两种情形。

第一，因虚假广告受到损害的消费者，可以要求经营者赔偿，也可请求行政主管部门惩处广告经营者。

第二，广告经营者不能提供经营者的真实名称、地址的，应承担相应的赔偿责任。

三、法律责任

（一）民事责任

《民法通则》第六章规定了"民事责任"，将民事责任分为两大类：违反合同的民事责任和侵权的民事责任。侵权民事责任中又分一般侵权责任和特殊侵权责任。在消费者权益保护中，经营者所要承担的民事责任也属这几类责任。

1. 一般民事责任

经营者违反《产品质量法》和其他法律、法规应承担的民事责任《消费者权益保护法》第40条规定了9项，经营者主要以修理、重作、更换和赔偿损失等方式承担民事责任。

2. 致人伤害的民事责任

《消费者权益保护法》第41条规定：造成消费者或其他受害人人身伤害的，经营者应支付医疗费、治疗期间的护理费、因误工减少的收入等费用；致残的，除上述费用外，还应支付残疾者生活自助费、生活补助费、残疾赔偿金及由其扶养的人所必需的生活费等费用。

3. 致人死亡的民事责任

《消费者权益保护法》第42条规定：造成消费者或其他受害人死亡的经营者应支付丧葬费、死亡赔偿金以及由死者生前扶养的人所必需的生活费等费用。

4. 侵犯其他人身权的民事责任

《消费者权益保护法》第43条规定，对除上述人身权以外的其他权益如人格尊严、人身自由等的侵害，经营者承担责任的形式有：停止侵害、恢复名誉、消除影响、赔礼道歉，并赔偿损失。

5. 造成财产损坏的民事责任

《消费者权益保护法》第44条规定，造成消费者财产损害的经营者的责任形式为：应按消费者的要求，予以修理、重作、更换、退货、补足商品数量、退还货款和服务费用、赔偿损失等。

6. 违反约定的民事责任

（1）违反"三包"约定的民事责任。根据《消费者权益保护法》第45条，此种情形下，经营者的责任形式有：修理、更换、退货。大件商品的"三包"，还应承担运输等合理费用。

(2) 违反邮购约定的民事责任。根据《消费者权益保护法》第 46 条，此种情形下，经营者的责任形式为：按消费者要求履行约定或退回货款，并承担消费者必须支付的合理费用。

(3) 违反预收款方式的民事责任。根据《消费者权益保护法》第 47 条，此种情形下，经营者的责任方式为：按消费者要求履行约定或退回预付款，并承担预付款利息，支付消费者必须支付的合理费用。

7. 提请行政机关认定不合格商品的民事责任

根据《消费者权益保护法》第 48 条，此时，经营者的责任形式为：消费者要求退货的，应退货。

8. 欺诈行为的民事责任

根据《消费者权益保护法》第 49 条，在此情形下，经营者的责任形式为：按消费者要求增加赔偿金额，其数额为商品价款或服务费用的 1 倍。

(二) 行政责任

《消费者权益保护法》第 50 条规定了经营者应负行政责任的情形，共 9 项。

责任形式有：责令改正、警告、没收违法所得、罚款、责令停业整顿、吊销营业执照。

对于行政机关的处罚决定，经营者不服的，可以申请复议，或向人民法院提起诉讼。

《消费者权益保护法》第 52 条还规定，拒绝、阻碍有关行政部门工作人员依法执行职务，未使用暴力、威胁方法的，由公安机关按照《治安管理处罚法》的规定处罚。

《消费者权益保护法》第 53 条规定，对于国家机关工作人员玩忽职守或包庇经营者侵权行为的，由其所在单位或上级机关给予行政处分。

(三) 刑事责任

经营者侵犯消费者或其他受害人合法权益，构成犯罪的，承担刑事责任，主要有以下几种：致人伤害的刑事责任；致人死亡的刑事责任以及以暴力、威胁等方法阻碍有关行政部门工作人员依法执行职务时的刑事责任。

此外,《消费者权益保护法》第 53 条还规定了国家机关工作人员严重玩忽职守、包庇经营者侵害消费者合法权益的行为时的刑事责任。

第四章　产品质量法律制度研究

产品质量关系企业的生存与发展，也关系到消费者、使用者或第三人的权益，同时也关系到国家和特定区域国民经济发展的规划和目标。目前有关产品质量方面的纠纷随着经济的发展呈现出逐渐增多的趋势，对此了解和掌握一定产品质量的相关法律具有十分重要的意义。

第一节　产品质量法概述

一、产品及产品质量

(一) 产品

产品是产品质量法中最基本的概念，可以从自然属性和法律属性两个方面进行定义。从自然属性来讲，产品是指劳动力通过劳动工具对劳动对象进行加工所形成的劳动成果，重要的是这些劳动成果适合人类生产和生活的需要，包括生产资料和消费资料，是人类生存和发展的物质条件。从法律属性来讲，产品是指经过某种程度或方式加工用于消费和使用的物品，但并不包括所有的物品。纵观各国法律，对"产品"的表述范围并不完全相同。概括起来，有广义和狭义的两种解释。广义的"产品"泛指一切经过工业处理的东西，无论是否可以移动、是否经过加工，包括工业产品、农业产品，任何可销售、可使用的制成品。狭义的"产品"概念仅指可移动的工业制成品。

但是，随着经济的发展，特别是信息产业和高新技术的突飞猛进，人类可利用的资源越来越多，生产出来的产品种类也越来越广泛，可能造成使用者伤害的物品也越来越多，因此，各国的立法和司法实践也趋向于对产品作广义的解释。

我国对于产品的理解趋向于广义。《产品质量法》第二条规定："本法所称产品指经过加工、制作、用于销售的产品。建设工程不适用本法规定，但是，建设工程使用的建筑材料、建筑构配件和设备，属于前款规定的产品范围的，适用本法规定。"第七十三条又规定："军工产品质量监督管理办法，由国务院、中央军事委员会另行制定。因该设施、该产品造成损害的赔偿责任，法律、行政法规另有规定的，依照其规定。"从该法律规定中可知，对于《产品质量法》上的产品可作如下理解。

（1）产品必须经过了相应的加工和制作。

加工、制作是指改变原材料、毛坯或半成品的形状、性质或者表面状态，使之达到规定要求的各种活动的统称。加工制作的方法众多，如化学加工、电加工、焊接加工、切削加工、火焰加工、激光加工等。加工制作后的成果既可以是成品，也可以是半成品。

（2）产品必须是用于销售的物品。

产品制作出来是为了销售，而不是为了生产者本身或其家庭消费。因此，凡未进入流通领域的物品，不能视为产品。

（3）建设工程不是《产品质量法》中所称的产品。

建设工程是指工业建筑和民用建筑物的建造，其中包括各种房屋、各种管道、采矿业建筑工程、交通水利和防空设施工程以及各种构筑物等。建筑产品虽然满足经过加工制作，而且可以用于销售等产品质量法的条件，但在事实上不同于一般产品。这种区别主要体现在两个方面：① 建筑产品在外观上具有很强的整体性，这与一般产品形成明显的差异；② 建筑产品有其自身特殊的产品标准。也正是由于此点，我国制定了《建筑法》等法律来保证建筑工程的质量和安全。但是，建筑工程所使用的建筑材料，如钢材、水泥、玻璃、门窗、电器等仍属产品，从而弥补了我国产品责任制度的不足。

（4）初级农产品和天然产品不属于《产品质量法》所说的产品。

① 初级农产品虽然经过了人类的体力和脑力劳动，但是其形成的过程主要是

生物的自身过程。

②　天然产品是指未经加工的原矿、原油、原煤、天然气、天然宝石等。对于这些产品的质量主要是交易过程中双方通过合同确定的。

（5）《产品质量法》所定义的产品不包括军工产品、核设施和核产品、军工产品、核设施和核产品涉及的各种事宜因其自身的特殊性质由国务院、中央军委另行，不属于《产品质量法》的相关管理调整范畴。

（6）血液、血制品、人体组织、器官及尸体，不属于《产品质量法》所指的产品。

国家实行无偿献血制度，无偿献血的血液必须用于临床，不得买卖。医疗机构的医务人员违反规定对患者健康造成损害的，依照《中华人民共和国献血法》的规定处理。同样，在我国，人体组织、器官及尸体，只有经本人同意或其亲属同意才能于生前或死后捐献给医疗部门，绝对禁止以任何形式进入商品流通领域。因此，它们不由《产品质量法》调整。

另外，本法中所称的产品，也包括药品、食品、计量器具等特殊产品。但是，本法与《药品管理法》《食品卫生法》《计量法》有不同规定的，应当分别适用上述特别法，因为特别法优于一般法。

（二）产品质量

产品质量是指产品符合人们需要的内在素质与外观形态的各种特性的综合状态。"产品质量法"中的"产品质量"还应与法律联系起来，即指由国家的法律、法规、质量标准等所确定的或由当事人的合同所约定的有关产品适用、安全、外观等诸种特性的综合。它是经济概念、技术概念，也是法律概念、法学概念。它是经济、技术上的适用性、安全性与法律、法规、协议、合同上的规定性的统一体。

国际标准化组织颁布的 ISO8402-86 标准，将质量含义定为"产品或服务满足规定或潜在需要的特征和特性的总和"。

产品质量的内涵，随经济、科技的发展以及人们需要的变化，也在不断丰富和发展。

大体上说，产品质量包括使用价值和价值两个方面，主要指适用性和安全性。具体来说，产品质量包括：（1）性能；（2）适用性；（3）安全性；（4）耐用性；（5）可靠性；（6）经济性；（7）卫生性；（8）其他（美学性、信誉性等）。

产品质量问题大体上也可分为两类：（1）产品不适用；（2）产品不安全。前者多由于产品瑕疵而形成，后者则由于产品缺陷而发生。瑕疵与缺陷是两个不同的有关产品质量的概念。

二、产品质量法概述

（一）产品质量法的概念

产品质量法，是指调整产品生产与销售以及对产品质量进行监督管理过程中所形成的社会关系的法律规范的总称，主要包括产品质量监督管理、产品质量责任、产品质量损害赔偿和处理产品质量争议等方面的法律规定。

《中华人民共和国产品质量法》（以下简称《产品质量法》）共6章74条。各章依次为：总则，产品质量的监督，生产者、销售者的产品质量责任和义务，损害赔偿，罚则，附则。它是我国产品质量的基本法，与之配套或相关的还有一系列法律、法规、条例、规章、标准，它们共同组成了我国产品质量法体系（此即一般教材中所称的广义的产品质量法）。其中主要有：2009年的《中华人民共和国食品安全法》和同年颁发的《中华人民共和国食品安全法实施条例》，2006年的《中华人民共和国农产品质量安全法》，2007年的《国务院关于加强食品等产品安全监督管理的特别规定》，2011年的《国家食品安全事故应急预案》，1984年通过、2001年修订的《中华人民共和国药品管理法》及其实施条例。

我国产品质量立法立足于我国的发展阶段和现实需要，又借鉴了西方产品质量责任法的有关理论和内容，形成了不同于西方的具有中国特色的产品质量法体系和产品质量法学。

第四章　产品质量法律制度研究

(二) 产品质量法的特点

我国产品质量法是产品质量管理法和产品责任法的统一体。它是在总结我国长期、大量的产品质量立法基础上制定的一部既符合时代要求又有中国特色的新型的产品质量法,是当今世界上一部先进的产品质量法,其特点主要包括以下三类。

1. 治理综合化

我国产品质量法要求动员国家、社会、企业、个人等上下内外一切力量,进行全方位的综合治理,并综合运用民事、行政、刑事等多种法律手段,解决产品质量问题。

2. 管理系统化

从产品生产起始,至产品运输、保管、销售等各个环节,进行系统的管理和监督,努力保证产品质量,减少产品质量问题发生,最大限度地保护用户、消费者利益。

对于产品质量的系统管理,应明确把握两点:(1)国家主要以法律手段、经济手段对企业的产品质量进行管理和监督,不排斥必要的行政手段,但不要过多插手企业经营事宜;(2)系统管理不应只理解为由国家进行管理、监督,管理系统也包括企业自身,后者是产品质量管理的基础。

3. 功能社会化

我国的产品质量法既要明确产品责任,保护用户、消费者利益,又要维护社会经济秩序和社会利益,将对社会个体利益的保护和对社会整体利益的保护协调结合起来。

三、产品质量法的适用范围和调整对象

产品质量法的调整对象包括以下三个方面:(1)产品质量责任关系,即因产品质量问题引起的消费者与生产者、销售者之间的法律关系,包括因产品缺陷导

致的人身、财产损害在生产者、销售者、消费者之间所产生的损害赔偿法律关系；（2）产品质量监督管理关系，即行政机关在行使产品质量管理职能过程中发生的法律关系；（3）产品质量检验、认证关系，即因中介服务所产生的中介机构与市场经营主体之间的法律关系，以及因产品质量检验和认证不实损害消费者利益而产生的法律关系。

四、产品质量法的立法宗旨

法律在形成的过程之中主要是为了预防和解决一定的现实问题，我国《产品质量法》的立法宗旨主要是三个方面。

(一) 保障并提高产品质量

产品质量不仅事关消费者，而且与企业也有着莫大的联系。企业参与市场竞争，主要应当依靠的是产品和形象（形象的由来与产品也有着很大的关系），产品在外观、功能、质量上能够为企业赢得良好的竞争优势，产品质量在获得竞争优势上具有重要的作用，为保障产品应有的质量，首先是靠企业自身的努力。但是在市场竞争中，企业用产品质量换取暴利的现象并不少见。因此，通过相应的产品质量法律制度对市场上的产品进行相应的管理和规范显得特别重要。尤其是在我国现阶段，人们越来越重视物质利益的现实获取，而在商业道德和市场规则尚未完全形成、成熟的情况下，质量管理显得尤为重要和必要。对产品质量进行管理和监督，是为了更好地发挥市场经济的资源配置作用，促使企业不断采用新的技术和工艺改进技术、提高质量，节省资源，使市场资源得到更优化的利用。

(二) 维护消费者的合法权益

维护消费者的合法权益是产品质量立法的重要目的和任务。消费者通过有偿取得商品或接受服务，参与社会再生产的过程，没有消费者的消费活动就没有社会再生产的继续进行。因此，保障消费者的合法权益，就是保障社会经济正常运转的重要任务。产品质量法在传统的合同法规范和侵权行为法规范的基础上，顺应历史的发展，渗入了保护消费者的法律需要才得以完善起来。可以这样认为，现代意义上的产品质量法是传统民法与消费者权益保护法相结合的成果。因此，不管是西方国家的产品责任法的演变结果，还是发展中国家新建立的产品质量管理法律制度，都把消费者权益的保护列为产品质量法的立法宗旨之一，明确地提出消费者在监督产品质量中的权利。"无过失责任"的提出以及在消费者权益保护法中规定缺陷产品的责任等，都是为了更好地维护消费者的合法权益。

(三) 规范社会竞争秩序

良好市场秩序的建设是现代市场经济法制的中心内容，能够为经济的良好运行提供重要的保障。《产品质量法》能够规范和调节产品由生产到达最终消费的过程，避免了企业间的恶性竞争。

第二节 产品质量的监督与管理

一、产品质量监督管理体制

(一) 政府监管产品质量的职能

产品质量监督管理体制是政府对国民经济进行宏观调控，对市场进行监管的一个组成部分。《产品质量法》第 7 条对政府监管产品质量的职能做出如下规定："各级人民政府应当把提高产品质量纳入国民经济和社会发展规划，加强对产品质量工作的统筹规划和组织领导，引导、督促生产者、销售者加强产品质量管理，提高产品质量，组织各有关部门依法采取措施，制止产品生产、销售中违反本法规定的行为，保证本法的施行。"一个国家质量水平的提高，是一项宏伟的系统工程，既要靠市场机制，也要靠政府进行一定的宏观调控。从产品质量法实施以来的实际情况看，产品质量的提高不仅要靠政府管理，同时也要靠政府促进。提高产品质量水平，既是企业的责任，也是政府的责任。从经济学的角度看，研发新产品、开发新技术，仅靠企业自身的努力是不够的。尤其是对一些投资周期长、前景难以预期、资金回收慢的产品、技术的研究，企业或者不愿意投入大量资金，或者没有能力投入研究资金，这必须依靠政府介入。为落实职能，法律授予政府查处产品质量违法行为的权利和必须认真执法的义务。同时在相应级别的政府中设置了相应政府组织机构专门负责产品质量的监督管理。

(二) 产品质量监督管理机构和体系

1. 产品质量监督管理机构

我国《产品质量法》第 8 条规定了质检部门的责任，即国务院设立产品质量监督部门主管全国产品质量监督工作。国务院有关部门，例如：国家食品药品监督管理局负责全国食品药品质量的监督管理工作；国家工商行政管理总局对工商管理工作中出现的产品质量问题予以监督；计量管理机构负责全国的计量监管工作；劳动管理部门负责锅炉压力容器的安全检验工作；交通主管部门负责船舶、车辆等交通工具及其零配件的产品质量监督管理工作等等。县级以上地方政府设立产品质量监督部门主管本行政区域内的产品质量监督工作，地方政府设立的产品质量监督部门通常称为技术监督局或质量技术监督局。县级以上地方政府的有关部门，例如，当地的药品监督管理局、工商行政管理局等也同样负责各自职责范围内的产品质量监督管理工作。法律对产品的质量监督部门另有规定的，从其规定。行政机关行使产品质量监督职责不能越位，也不能缺位，要依法行使职权。

2. 产品质量监督管理体系

我国对产品质量监督工作采取了统一管理制度、分级设立机构加以管理的体制。《产品质量法》是规范我国产品质量监督管理制度和行为的基本法。按照该法的规定，国务院产品质量监督管理部门主管全国的产品质量监督工作，它可以通过制定有关产品质量的部门规章，制定全国性产品质量标准，对产品进行质量认证，对产品质量进行全国性抽查并对全国的产品质量监督管理工作进行指导等方式履行职责。上级质量监督部门对下级质量监督部门的工作有指导和监督的职责，但其之间没有领导与被领导的关系。为处理好各级产品质量监督管理部门行政执法中的关系,《产品质量法》第 15 条第 2 款规定:"国家监督抽查的产品,地方不得另行重复抽查;上级监督抽查的产品,下级不得另行重复抽查。"

二、产品质量监督管理主要制度

(一) 企业质量体系认证制度

企业质量体系认证制度是一项较复杂的质量认证管理制度,其内涵是根据企业的申请,认证机构对企业产品质量保证能力和质量管理能力进行综合检验和评价,将检验结果和认证标准进行相关比较,对于符合法律要求的企业颁发认证证书的一种制度。企业质量体系认证制度主要包括下列内容。

1. 认证机构

在我国,企业质量体系认证机构均为法定机构,未经法定授权,任何单位和个人都不得从事认证工作。根据法律规定,国务院产品质量监督部门对质量体系认证制度实施统一管理,由被依法认可的认证机构负责具体实施。

2. 认证标准

企业质量认证体系依据国际通用的"质量管理和质量保证"系列标准,即国际标准化组织(ISO)于 1981 年 3 月正式发布的 ISO9000 系列国际标准。企业采用该系列标准已被世界认为是通向国际市场的"通行证"。根据此系列标准,我国主管部门已经等同采用并转化为中国的 GB/T19000-ISO9000 系列标准,并以此作为开展我国企业质量体系认证的依据。值得注意的是实施企业质量体系认证时,应当根据企业所具备的质量保证模式选用相应的质量保证标准进行审核。我国当前大多数企业取得了 ISO9001(企业设计、开发、生产、安装和服务的质量保证标准)的企业质量保证标准。

3. 认证对象

根据产品质量法的相关规定,企业质量体系认证制度的认证对象包括所有企业。

4. 认证原则

企业质量体系认证制度的认证原则是自愿原则，这一原则主要体现在企业自愿向认证机构提出申请，国家不实行强制管理。这是因为，企业质量体系认证是一种先进的管理制度，由于技术要求高，管理严格，如果强制普遍推行，在我国技术水平和管理水平落后或比较落后的情况下，既不符合市场经济的客观规律，也不切合我国实际情况。

（二）工业品生产许可证制度

工业品生产许可证制度是国家对产品安全和产品质量进行强制性管理的一种制度。国家对需要控制的重要工业产品，实行生产许可证制度。所谓生产许可证，是指国家对于具备生产条件并对其产品检验合格的工业企业，发给其许可生产该项产品的凭证。这里所指的需要控制的重要工业产品是指能够影响人体健康、危及人身、财产安全以及影响国民经济的工业产品。需要取得许可证方能生产的产品目录由国家产品质量监督管理部门统一发布。对于这些产品，企业必须取得生产许可证后方能生产。对于需要取得生产许可证的产品，严禁无证生产和销售。

（三）产品质量认证制度

产品质量认证是指由公正的第三方依据产品标准和相应的技术要求，对产品质量进行检验、测试，确认并通过颁发认证证书和准许使用认证标志的方式来证明某产品符合要求的活动过程。按不同的标准，可以将其分成若干种类。按认证者所处的地位，可分为自我认证和第三方认证；按认证的法律性质，可分为自愿认证和强制认证；按认证依据和范围，可分为国家认证、地区认证和国际认证；按认证结果，可分为合格认证和安全认证。

企业质量体系认证与产品质量认证有显著区别，在现实生活之中必须要将这两者做区分，这些区别主要体现在两个方面：（1）从认证对象看，前者认证的对象是企业的质量体系，后者认证的对象是企业的产品；（2）从认证依据看，前者认证的依据是质量管理标准，而后者是产品标准。

第四章 产品质量法律制度研究

(四) 标准化管理制度

标准是对重复性事物的统一规定或衡量事物的准则。标准的形成需要经过严格的程序和科学的步骤，它以实践经验和科学技术的综合成果为基础，单独依赖于实践经验或者单独依赖于科学理论所制定的标准都是不完全的，在此基础上需要经有关方面协商并最终达成一致结论，并由主管机关批准以特定形式发布。

标准化是标准的动态过程，在制定标准之后需要将标准运用于实践，这个过程就是标准化的过程，在质量管理领域标准化是指对工业产品或零部件的类型、性能、尺寸，所用材料工艺装备、技术文件的符号与代号等加以统一规定，并予以实施的一项技术措施。对产品质量实行标准化管理，是我国对产品质量进行管理的一项重要制度。《中华人民共和国标准化法》规定，工业产品的标准，按其标准制定部门或单位的不同以及适用范围的不同分为国家标准、行业标准、地方标准和企业标准四类（又可以称为四级）。下面对这四类标准进行详细的论述。

1. 国家标准

国家标准是指在全国范围内统一的，对全国经济技术发展有重大意义的标准。一般为通用性、基础性较强的，与经济技术发展和人民生活密切相关的标准。国家标准由国务院标准化行政主管部门制定，是我国最高级别的标准，适用于全国范围内。需要说明的是，在制定其它各级标准的过程之中，所制定的各级标准不得与国家标准相抵触。

2. 行业标准

行业标准是较国家标准低一级的标准，是国家标准的补充与完善，是由行业标准组织或行业标准化主管部门批准发布，具有较高的专业性、技术性要求，在全国的各行业范围内统一使用的技术要求。需要注意的是，行业标准是国家标准的补充，不得与国家相抵触，否则该行业标准是不具有法律效力的。

3. 地方标准

在省、自治区、直辖市一级范围内，如果没有制定统一的工业产品的安全、卫生的国家标准和行业标准，那么该地区内需要根据实际情况制定地方标准。地方标准一般由省一级政府的技术监督管理部门制定。同样需要说明的是，地方标准不得与国家标准或行业标准相抵触，否则该地方标准是不具有法律效力的。

4. 企业标准

企业标准是指由企业自己制定，在本企业范围内适用的统一技术要求的标准。企业制定标准有两种情况：一是企业组织生产没有国家标准、行业标准的，应当制定企业标准作为生产经营的依据；二是已有国家标准或行业标准过于宽松，企业需要在国家标准和行业标准的框架之下制定更加严格的在企业内部使用的企业标准。

(五) 产品质量抽查制度

产品质量抽查是质量监督部门对产品质量进行的抽样检查。对产品质量进行抽查是国家进行产品质量监督的主要方式。这项制度产生于1985年原国家经委发布的《关于实行国家监督性的产品质量抽查制度的通知》，1993年被《产品质量法》确认为国家进行产品质量监督的主要方式。产品质量的抽查制度是我国产品质量管理的一大特色，反映了中国特色社会主义市场经济运行的特性要求。产品抽查的对象主要有三类：（1）消费者、有关组织反映有问题的产品；（2）影响国计民生的重要工业产品；（3）对人体健康和人身、财产安全有可能有重大影响的产品。产品抽查的对象（产品抽查目录）由政府相应的法定管理部门在不同时期依据国民经济生产运营发展的要求具体制定。产品抽查由国务院产品质量监督部门规划和组织。县级以上地方产品质量监督部门可以在本行政区域内对产品质量进行抽查。其他政府机构或企业对产品质量进行的各类抽查活动不属于国家产品质量抽查，不得冠以"国家监督检查"字样。产品质量抽查的规则中规定了产品质量抽查的不同级别效力关系。《产品质量法》第15条第2款对不同级别产品抽查效力关系的规定是："国家监督抽查的产品，地方不得另行重复抽查；上级监督抽查的产品，下级不得另行重复抽查。"由此可以认定，上级产品抽查的效力高于下级产品抽查的效力；如果有必要，上级可以对下级已抽查过的产品进行复查，而下级却不得对上级已抽查过的产品进行复查。

(六) 产品质量监督检查制度

产品质量监督检查制度是指国家有关行政机关对产品的质量进行监督的一种制度。在我国市场机制尚不完善的情况下，由国务院质量监督部门和县级以上产品质量监督部门，依法对产品质量实施监督检查。对于了解产品质量情况，发现质量问题，查处不合格产品，特别是假冒伪劣产品，向消费者提供信息，健全市场经济秩序，具有重要的意义。

目前，我国产品质量监督检查制度主要有：

1. 国家监督检查制度

国家监督检查制度是指由国务院产品质量监督部门依法组织有关省级质量技术监督部门和产品质量检验机构对生产、销售的产品，依据我国相关法律的规定进行抽样检验，并把检查结果依法公告处理的活动。

2. 市场商品质量监督制度

市场商品质量监督制度是指各级人民政府的产品质量监督部门根据本地产品质量的实际情况和需要，随机对本地市场产品所进行的检查制度。由于这种检查活动比较灵活，检查结果更容易做到客观公正，对于制止不合格产品进入市场也能发挥应有的作用。

3. 产品质量的社会监督制度

《产品质量法》第22条规定："消费者有权就产品质量问题向产品生产者、销售者查询；向产品质量监督部门、工商行政管理部门及有关部门申诉，接受申诉的部门应当负责处理。"《产品质量法》第23条还规定："保护消费者权益的社会组织可以就消费者反映的产品质量问题，建议有关部门负责处理，支持消费者对因产品质量造成的损害向人民法院起诉。"

另外，报刊、电台、电视台等社会舆论单位和其他消费者组织，有权按照国家有关规定对产品质量进行舆论监督和社会监督。这种监督虽不具备法律效力，但具有传播速度快、影响面广的特点，对生产者、销售者起到有效监督作用。特别是近年来，我国有许多产品的质量问题是由媒体首先曝光而被查处的。

(七) 缺陷产品召回制度

缺陷产品召回制度是指对于流通中存在缺陷的产品，在可能导致损害发生的情况下，产品生产经营者采取发布公告、通知等措施敦促消费者交回缺陷产品，经营者采取有效措施，以求防患于未然或将损失最小化。我国缺陷产品制度较欧美国家实行得晚。2004年3月25日，我国制定发布了《中华人民共和国缺陷产品召回管理规定》，该规定于2004年10月1日起实施。2006年5月30日，我国又制定发布了《中华人民共和国缺陷儿童玩具及儿童用品召回管理规定（征求意见稿）》。由此看出，我国正在致力于构建一套全面、完善的缺陷产品召回制度。

第三节 生产者、销售者的产品质量责任和义务

一、产品责任

(一) 产品责任的含义

产品责任，是指生产者、销售者及有关机构和有关人员，由于生产或销售的产品存在缺陷造成了消费者、使用者或第三人人身伤害或财产损失而要承担的一种法律责任。产品责任涉及以下几方面的要素。

1. 产品责任主体

根据我国《产品质量法》的规定，产品责任主体是生产者、销售者、供货者，若检验认证机构出具的检验结果不实则检验认证机构也是产品责任主体。新修改的《产品质量法》将产品责任主体作了扩大，但与发达国家相比还有一定的距离，如《斯特拉斯堡公约》规定，修理者、运输者、仓储者也是产品责任主体。

第四章 产品质量法律制度研究

2. 产品责任的受害者

产品责任的受害者是指发生产品责任后有权提起诉讼的当事人。受害者包括消费者、使用者或第三人。

3. 损害赔偿

损害赔偿的范围包括人身伤害、财产损失、精神损害。三者都有法可依，在具体的实践过程之中，需要相关方都遵守相关法律的要求，不能超越法律行事。

（二）承担产品责任的期限

产品责任期限是责任主体承担赔偿责任的法定界限，在此期间责任主体的义务是满足受害人的赔偿请求，在此期限后，责任消灭，责任主体有权拒绝受害人的赔偿请求。

（三）产品责任与合同品质担保义务的差异

产品责任与合同品质担保义务虽然在某些方面有一定的联系，但是它们之间其实是有很大的区别的，最大的区别就在于合同品质担保当事人可以约定排除，而产品责任则不能约定排除，产品责任具有强制性。具体来说它们的区别有以下几点。

1. 责任主体和请求权利主体不同

在担保义务中，责任主体是卖方，而请求权利主体是买方。在产品责任中责任主体是卖方及生产、制造、加工、销售链上的任何人，请求权利主体是受到伤害的任何人。

2. 两者的性质不同

在担保义务中，原则上是无合同无责任，因此担保义务具有任意性，当事人可以约定，甚至可以排除。而产品责任是一种特殊的侵权责任，是一种强制性的责任，生产者是否有过失并不重要，注重的是侵权的结果。

3. 两者的适用范围不同

品质担保义务是担保货物无瑕疵，瑕疵是指产品不合格。产品责任是因产品缺陷造成损害的责任，缺陷是指产品具有不适当的危险，或没有提供使用者所期待的安全。

4. 两者的赔偿范围不同

品质担保义务赔偿的范围是实际损失以及为减少损失支出的费用，加上预期利润。而产品责任赔偿的范围则主要是三类：（1）人身伤害；（2）财产损失；（3）精神损害。

二、产品缺陷及责任的排除

（一）产品缺陷

我国《产品质量法》对产品缺陷有着严格的规定，缺陷是指产品存在危及人身、他人财产安全的不合理的危险；产品有保障人体健康和人身、财产安全的国家标准、行业标准的，缺陷就是指不符合该标准。

产品缺陷是一个法律意义上的概念，由法律予以界定。缺陷的界定很重要，因为产品缺陷与责任主体承担责任的大小有关。一般认为缺陷包括以下几种，但是各国的实际规定情况并不统一：原材料缺陷、指示上的缺陷、设计缺陷、制造缺陷、装配上的缺陷及以目前的科技水平、科学上不能发现的缺陷。

（二）产品责任的排除

生产者能证明有下列情形之一的，根据我国的相关法律要求可以不承担产品责任：（1）未将产品投入流通的；（2）产品投入流通时，引起损害的缺陷不存在或者是目前的科学技术水平不能发现缺陷的存在。

从另一个角度上来说，生产者应该尽量规避产品出现缺陷，生产出质量合格的产品。

三、生产者、销售者的义务

(一) 生产者在产品质量方面的义务

生产者在产品质量方面的义务主要包括以下方面的内容：(1) 产品必须符合保障人身财产安全的要求；(2) 产品必须具备应有的使用性能，即生产出的产品必须具有相应的使用价值；(3) 产品必须名副其实，产品的各种性能必须和实际的介绍情况相一致，避免不一致的情况发生；(4) 产品或标识、说明要真实并符合法定的要求；(5) 危险物品及对运输有特殊要求的产品，其包装要符合相应的法律规定；(6) 不得从事法律禁止的行为，不得走法律的"擦边球"。

(二) 销售者在产品质量方面的义务

销售者在产品质量方面的义务主要包括以下四个方面的内容。

(1) 应当执行进货检验制度，即销售者进货时，要对所进货物进行检查，查明货物的质量水平，对货物应具备的标识进行检查。

(2) 应采取措施，保持销售产品的质量。

(3) 销售产品的标识应当符合有关对生产者的产品或其包装上的要求。

(4) 不得从事法律禁止的行为。这些行为主要是：不得伪造或者冒用认证标志等质量标志；不得销售国家明令淘汰并停止销售的产品和失效、变质的产品；不得使用虚假信息伪造产地，伪造或冒用他人的厂名、厂址；销售产品必须要有真实严格的质量保证，不得掺杂、掺假，不得以假充真、以次充好。

第四节 产品质量责任制度

一、产品质量责任的概念

产品质量责任是指对产品质量有直接责任的责任者（如生产者、销售者等），因违反或未履行产品质量法所规定的产品质量义务而应该承担的法律责任。产品质量责任制度既包括因产品缺陷而给消费者、使用者造成人身、财产损失时，相关责任者根据法律规定应承担的责任，还包括违反标准化法、计量法以及规范产品质量的其他法规应当承担的责任。

产品质量责任不同于产品责任，它们之间存在着较大的区别。两者的区别在于以下三个方面。

（1）判定责任的依据不同。

判定产品责任的依据是产品存在缺陷，而判定产品质量责任的依据不仅包括产品缺陷，还包括默示担保、明示担保，所以较产品责任，产品质量责任的认定范围更为广泛。

（2）承担责任的条件不同。

承担产品责任的需要满足两个条件，而且这两个条件缺一不可：① 产品存在缺陷；② 产品造成了他人人身伤害或财产损失。只有因产品缺陷发生了损害后果，方可追究缺陷产品的生产者和销售者的民事侵权赔偿责任。而承担产品质量责任的条件只需要满足产品质量不符合默示或者明示担保条件之一，无论该产品是否造成人身伤害或财产损失的，根据相关法律的要求，相关责任人都应当承担相应的责任。

（3）责任性质不同。

一般而言，产品责任是一种特殊的民事责任，具有责任上的单一性；而产品质量责任是一种综合责任，包括三类责任：民事责任、行政责任和刑事责任。

下面对产品质量的民事责任、行政责任和刑事责任分别进行详细的论述。

二、产品质量的民事责任

产品质量的民事责任，根据相关质量法的定义，是指违反产品质量义务所应当承担的民事法律后果，包括产品瑕疵责任和产品缺陷责任。损害赔偿是解决产品民事纠纷的主要方式。当生产者和销售者违法提供瑕疵产品或者存在缺陷的产品，造成使用者和消费者损害的，应当依法予以补偿。

第四章 产品质量法律制度研究

(一) 产品缺陷

1. 产品缺陷的概念

如上文所述，我国《产品质量法》对产品缺陷有着严格的规定，缺陷是指产品存在危及人身、他人财产安全的不合理的危险；产品有保障人体健康和人身、财产安全的国家标准、行业标准的，缺陷就是指不符合这些标准。

对这一概念的理解可以看出，这一概念提供了辨别产品是否存在缺陷的两种方法。运用强制性标准认定产品是否存在缺陷比较简单，但是要证明产品是否存在不合理的危险却是一个比较复杂的问题。一般来讲，产品中存在人类已知危险和未知危险两种，不合理的危险仅存在于已知危险之中。判断产品中的已知危险是否合理，首先应分析其与产品的使用性能的关系。如果产品的危险是产品的使用性能本身所决定的，并且无法克服即为合理的。对于存在合理危险的产品，相关的责任人（包括生产者、销售者等）承担将危险告知产品消费者的义务，否则也要承担法律责任。

2. 产品缺陷的种类

产品缺陷根据其产生原因的差异性，可将其进行以下分类。

（1） 设计缺陷。

如果产品缺陷是在其设计中形成的，即构成产品的设计缺陷。产品设计包括构思、材料选用、产品结构、可靠性的认定、技术要求等内容。如果某产品中的任何一个方面被确定为存在设计缺陷，就意味着该项产品的全部都存在缺陷。对于这种缺陷，如果是在某一个特定的时代，当时的科技水平不足以认识这种缺陷的存在，则不构成产品质量责任。但是，如果可以认识并避免这一缺陷的存在，但生产者没有认识并采取措施避免缺陷的存在，使产品的使用者受到人身伤害或财产损失的，则生产者要承担相应的产品质量责任。

（2） 制造缺陷。

如果产品缺陷是在制造过程中产生的，即构成制造缺陷。产品的制造缺陷带有一定的偶然性，它往往是不符合产品设计要求的结果。制造缺陷所涉及的产品往往是个别的或某个阶段的产品,对整个产品不产生必然影响。

(3) 未事先通知缺陷。

法律要求生产者和销售者承担在产品或产品说明中表明产品质量状况和注意事项的责任。如果未履行说明或通知的义务,生产者和销售者即应承担法律责任。

(4) 其他产品缺陷。产品在投入流通后产生的缺陷,由造成缺陷的人承担法律责任,例如修理工、改装者、仓储保管者等。

(二) 生产者和销售者的损害赔偿责任

1. 生产者的损害赔偿责任

根据《产品质量法》第 41 条第 1 款规定:"因产品存在缺陷造成人身、缺陷产品以外的其他财产(以下简称他人财产)损害的,生产者应当承担赔偿责任。"

总结来说,生产者承担责任的条件主要有以下三类:

(1) 产品存在缺陷,这种缺陷产品由生产所致,但是在最终到达消费者或使用者手中后并没有被解除而导致最终的消费者或使用者人身伤害的,生产者应该承担责任。

(2) 造成人身、缺陷产品以外的其他财产损害,在缺陷产品或瑕疵产品造成该类产品财产损失的时候还造成了其它财产的损失,这类损失经过认定之后是需要相关生产者承担责任的。

(3) 产品自身的缺陷与损害之间存在因果关系。

生产者因其产品缺陷承担损害赔偿责任不需要过失或过错证明,所以其所承担的是严格责任或称为无过错责任。产品质量责任采用由生产者负责举证的原则。这就在很大程度上保护了现代社会弱小的消费者的合法权益。

此外,在司法实践中出现下列情况时,生产者将不承担损害赔偿责任。

(1) 损害是由于消费者擅自改变产品性能、用途或者没有按产品的使用说明使用并且确因改变或使用不当造成的。

(2) 损害是由于受害人的故意所造成的,受害人出于某种原因故意造成受害人损伤的,这类责任不由生产者承担。

第四章　产品质量法律制度研究

（3）损害是由于常识性危险造成的，受害人缺乏基本的常识而导致受害人损害的。

（4）产品造成的损害是由于使用者自身特殊的敏感所致，现实的生活之中，每个使用者的各项生理和心理特征是不一样的，对于产品造成的损害是由于使用者自身特殊的敏感所致这样的情况，相关的生产商不用承担责任。

（5）产品已过有效期限，现实社会很多产品都有相应的有效期，如果造成损失的产品已经过了有效期，这类产品所造成的损失不应该由生产者承担。

（6）超过了诉讼和赔偿的请求期限，受害人控诉生产者时，如果没有按照相关的司法程序进行诉讼，而超过了诉讼和赔偿的请求期限，法院依法是不进行受理的，此时生产者依法不用进行赔偿。

2. 销售者的产品瑕疵责任

《产品质量法》第 40 条第 1 款规定："售出的产品有下列情形之一的，销售者应当负责修理、更换、退货。如果给购买产品的消费者造成损失的，销售者应当赔偿损失：（1）不具备产品应当具备的使用性能而事先未作说明的；（2）不符合在产品或者其包装上注明采用的产品标准的；（3）不符合以产品说明、实物样品等方式表明的质量状况。"第一项为默示担保，后两项为明示担保。

只要存在上述情形，不论是否造成损害后果，都应当赔偿。销售者依照上述规定负责所销售产品的修理、更换、退货、赔偿损失后，属于生产者的责任或者属于向销售者提供产品的其他中间商的责任的，销售者有权向生产者、中间商追偿，这类生产者和中间商必须履行赔偿的责任。这种立法安排是合理的，它使责任能够真正落到实处。但是销售者在实际的工作之中，未按照履行销售者规定的法律义务的，由相关部门责令改正，责令不改的可以从严处罚。

3. 销售者的产品缺陷责任

《产品质量法》第 42 条规定："由于销售者的过错使产品存在缺陷，造成人身、他人财产损害的，销售者应当承担赔偿责任，销售者不能指明缺陷产品的生产者也不能指明缺陷产品的供货者的，销售者应当承担赔偿责任。"

销售者承担缺陷责任有两种情况：

（1）实行过错责任原则。

由于销售者在销售环节的过错使产品存在缺陷而造成消费者或最终使用者人身、财产损害的，根据相关法律的要求，这类销售者应当承担赔偿责任。

（2）实行过错推定原则。

当产品造成消费者或最终使用者损害时，在销售者不能指明缺陷产品责任是生产者还是供货者的时候，销售者应当承担赔偿责任。上述两种情况的前提是产品存在缺陷，并且造成损害。

4. 生产者与销售者之间的责任关系

生产者与销售者之间的责任关系是指生产者之间、销售者之间、生产者与销售者之间订立的合同有关于责任约定的，合同当事人按照合同约定执行，合同上写明的责任主体应该承担相应的责任。

(三) 损害赔偿的范围

根据我国相关法律的要求和分类，损害赔偿的范围主要有三类：人身损害赔偿、财产损害赔偿和精神损害赔偿，这里主要对人身损害赔偿、财产损害赔偿进行详细的论述，对于精神损害的赔偿，《产品质量法》未作详细的规定。精神损害可以予以一定的精神赔偿，也可以给予一定的物质赔偿。否则在某种程度上对于受害人来说就是一种不公正的待遇，对于侵害人也是一种责任上的逃逸，但是在这里不做详细的论述。

1. 人身损害赔偿

人身伤害是指产品存在危及人身安全的缺陷或瑕疵而造成消费者人身损害的。根据《产品质量法》的相关规定的要求，人身的伤害一般分为三种情况：（1）一般伤害；（2）致人伤残；（3）致人死亡。这三类伤害的程度越来越严重，相应的赔偿也应该越来越严厉。

一般伤害的赔偿范围。一般伤害是指伤害身体尚未造成残疾的。对于这种伤害，法律规定应当赔偿医疗费、护理费和误工费等。

致人残疾的赔偿范围。致人残疾是指伤害他人身体，造成残疾的情况。除应赔偿一般伤害应赔偿的医疗费、治疗期间的护理费和误工工资等全部费用以外，还应当赔偿受害者残疾赔偿金、残疾者生活自助费、生活补助费以及由其扶养的人所必需的生活费等费用。

致人死亡的赔偿范围。因产品缺陷造成受害人死亡的，侵害人的赔偿范围更加广泛，不仅要赔偿死者在治疗、抢救过程中所支付的医疗费用，治疗期间的护理费和误工工资等，还要赔偿丧葬费、死亡赔偿金以及死者生前扶养的人所必需的生活费等费用。

2．财产损害赔偿

财产损失主要是给受害人在财产上造成的损失。《产品质量法》规定因产品缺陷造成受害人财产损失的，侵害人应当恢复原状或者折价赔偿。受害人因此遭受其他重大损失的，侵害人应当赔偿损失。据此，我们不难发现，侵害人对受害人所造成的财产损失可以分为两类：直接损失和间接损失。对于这两类损失经过相关的司法和法律认定之后，相关的侵害人应该予以赔偿。

直接损失。所谓直接损失，就是因缺陷产品给受害人所造成的直接的财产上的损失，即实际损失。这种实际损失是可以以货币的形式计算的。直接损失不仅包括产品本身的损失，还包括与此有关的一些损失，即法律所称的"缺陷产品以外的其他财产的损害"。

间接损失。即《产品质量法》所规定的"其他重大损失"，这里的"其他重大损失"就是指可得经济利益的间接损失。

（四）产品责任时效

《产品质量法》明确规定，因产品存在缺陷造成损害要求赔偿的诉讼时效期间为 2 年，自当事人知道或者应当知道其权益受到损害时起计算。这样规定主要是因为产品缺陷致人损害有其特殊性，许多缺陷产品造成损害很难立即发现，可能要有一个潜伏期，是为了使受害人有较长时间观察自己受害的程度和危害后果，有充分的时间准备诉讼。而我国《民法通则》规定，身体受到伤害要求赔偿的和出售不合格的商品未声明的诉讼时效为 1 年。《产品质量法》作出了不同于《民法通则》的规定。根据特别法优于一般法的原则，因缺陷产品造成的损害赔偿的诉讼时效期间应当适用《产品质量法》2 年的规定。

三、产品质量行政责任

（一）承担行政责任的违法行为

根据《产品质量法》，承担行政责任的违法行为有：生产、销售不符合保障人体健康和人身、财产安全的国家标准、行业标准的产品；生产国家明令淘汰的产品；销售失效、变质的产品；在产品中掺杂、掺假，以假充真，以次充好，或者以不合格产品冒充合格产品；伪造产品产地，伪造或者冒用他人的厂名、厂址，伪造或者冒用认证标志等质量标志；产品标识或者有包装的产品标识不符合法律规定；伪造检验数据或者检验结论；法律规定的其他应当承担责任的违法行为。

（二）承担行政责任的主要形式是行政处罚

产品质量监督部门、工商行政管理部门依照各自的职权，对违反产品质量法的行为可以责令纠正，并给予下列行政处罚：警告，罚款，没收违法生产、销售的产品和没收违法所得，责令停止生产、销售，吊销营业执照。

四、刑事责任

违反《产品质量法》的行为，如已触犯《刑法》、构成犯罪的，依照《刑法》规定追究刑事责任。

根据当前的实际状况，应当突出地解决以下两种问题：一是生产、销售不符合保障人体健康和人身、财产安全的国家标准、行业标准的产品的，责令停止生产、销售，没收违法生产、销售的产品，并处违法生产、销售产品（包括已售出和未售出的产品，下同）货值金额等值以上、3 倍以下的罚款；有违法所得的，

第四章　产品质量法律制度研究

并处没收违法所得;情节严重的,吊销营业执照;构成犯罪的,依法追究刑事责任。二是在产品中掺杂、掺假,以假充真,以次充好,或者以不合格产品冒充合格产品的,责令停止生产、销售,没收违法生产、销售的产品,并处违法生产、销售产品货值金额50%以上、3倍以下罚款;有违法所得的,并处没收违法所得;情节严重的,吊销营业执照;构成犯罪的,依法追究刑事责任。

根据现行《刑法》的规定,对生产、销售伪劣商品犯罪行为负有追究责任的国家机关工作人员滥用职权、玩忽职守、徇私舞弊,构成犯罪的,处5年以下有期徒刑或者拘役。此举对强化产品质量管理体制和机制,有着重要的意义。

第五章 银行法律制度研究

银行业是现代经济体系有效运行的核心之一，对于商品流通、商品交换来说都具有极为重要的意义。货币的发行、流通和回收，存款的吸收、提取，贷款的发放与收回，国内外汇兑往来等都和银行有着密切的关系。

第一节 中国人民银行法

一、中国人民银行概述

（一）中国人民银行的法律性质与地位

《中国人民银行法》第2条明确规定："中国人民银行是中华人民共和国的中央银行。中国人民银行在国务院领导下，制定和执行货币政策，防范和化解金融风险，维护金融稳定。"《中国人民银行法》第5章专门规定了对金融市场实施宏观调控，对金融机构以及其他单位和个人的监督管理权。这些规定，不仅明确了中国人民银行作为制定和执行货币政策，履行对金融进行监督管理的国家宏观调控部门的主要性质，而且确立了中国人民银行的中央银行法律地位，为其行使中央银行的各项职权提供了法律依据。

中国人民银行作为政府的综合经济管理的职能部门，又与一般政府机关不同。它仍然是银行，是货币发行的银行、政府的银行和银行的银行，要从事银行的某些业务。同时，中国人民银行作为中央银行的特殊法律地位，决定了它制定、执行货币政策的独立性，履行职责、开展业务的独立性。

第五章　银行法律制度研究

（二）中国人民银行的职能和职责

中国人民银行的中央银行法律地位，是通过其职能和具体职责体现的。按照《中国人民银行法》的规定，它主要行使三大职能。

（1）宏观调控职能。

通过货币政策的制定与实施，保持社会总供给和总需求的总量平衡，在此前提下，优化国民经济结构。具体说，要保证货币供应总量的适度增长，使货币供应和货币需求大体上平衡。

（2）服务职能。

为政府服务，即充当政府的银行；为金融机构服务，充当银行的银行。

（3）监管职能。

为执行货币政策和维护金融稳定的需要，可以对包括银行业在内的金融机构的金融活动进行监督管理。

按照《中国人民银行法》第4条的规定，中国人民银行依法履行下列13项职责。

（1）发布与履行其职责有关的命令和规章。

（2）依法制定和执行货币政策。

（3）发行人民币，管理人民币流通。

（4）监督管理银行间同业拆借市场和银行间债券市场。

（5）实施外汇管理，监督管理银行间外汇市场。

（6）监督管理黄金市场。

（7）持有、管理、经营国家外汇储备、黄金储备。

（8）经理国库。

（9）维护支付、清算系统的正常运行。

（10）指导、部署金融业反洗钱工作，负责反洗钱的资金监测。

（11）负责金融业的统计、调查、分析和预测。

（12）作为国家的中央银行，从事有关的国际金融活动。

（13）国务院规定的其他职责。

上述职责是实现三大职能的保证。

二、中国人民银行的业务限制

中国人民银行作为中央银行是货币发行机关，又是调整银行利率，从事法定金融业务的特殊金融机构。中央银行从事金融业务会对资金供求关系有很大的影响。为了保证中国人民银行执行货币政策的有效，《中国人民银行法》规定在中央银行办理业务时，也要受到一定的限制：(1) 禁止中国人民银行向银行业金融机构的账户透支；(2) 对商业银行贷款期限的限制，即贷款期限不得超过 1 年；(3) 禁止中国人民银行对政府财政透支；(4) 对地方政府、各级政府部门、非银行金融机构和单位、个人提供贷款的限制；(5) 禁止中国人民银行向任何单位和个人提供担保。

三、中国人民银行的组织机构

中国人民银行职能作用的发挥和职责权限的具体落实，必须要有严格的组织机构作保证。因此，《中国人民银行法》用专章对中国人民银行的组织机构作出了具体的规定。

（一）中国人民银行的领导机构

中国人民银行设行长一人，副行长若干人。中国人民银行行长的人选，根据国务院总理的提名，由全国人民代表大会决定，全国人民代表大会闭会期间，由全国人民代表大会常务委员会决定，由中华人民共和国主席任免。中国人民银行副行长由国务院总理任免。中国人民银行实行行长负责制。行长领导中国人民银行的工作，副行长协助行长工作。这与国务院组织法规定的国务院各部、各委员会的首长负责制是一致的。它的优点在于职责权限明确，办事效率高。

（二）货币政策委员会

中国人民银行设立货币政策委员会。设立货币政策委员会是党中央、国务院关于金融体制改革的决定所要求，也是参照其他国家的有益做法提出的一种新的机制。

(三) 中国人民银行的分支机构

中国人民银行设立的分支机构是中国人民银行的派出机构。中国人民银行对分支机构实行集中统一领导和管理。中国人民银行的分支机构根据中国人民银行的授权，维护本辖区的金融稳定，承办有关业务。

四、中国人民银行所使用主要的货币政策工具

(一) 存款准备金

在法定存款准备金制度中，存款准备金率居于核心地位。存款准备金率就是金融机构向中央银行缴存的准备金占其存款总额的比率。存款准备金率越高，金融机构派生存款的能力就越小，反之，金融机构派生存款的能力就越大。因此，合理地确定和调整存款准备金率，使金融机构的存款准备金占其存款总额的比例保持在适当的水平上，是法定存款准备金制度充分发挥作用的关键。

(二) 再贴现

再贴现影响货币供应量的原理是：当中央银行需要收紧银根、抑制经济过快增长时，就提高再贴现率，提高商业银行向中央银行融资的成本，从而促使商业银行调高企业贷款利率，并带动整个市场利率的上涨，这样借款人就会减少，从而达到抑制信贷需求、减少货币供给的目的。反之，当中央银行需要放松银根、刺激经济增长时就降低再贴现率，从而增加货币供给。

(三) 公开市场操作

公开市场操作影响货币供应量的原理是：当中央银行要放松银根时，就可以在公开市场上买进有价证券。中央银行无论从商业银行、企业还是个人手中买入有价证券，中央银行持有的有价证券数量的增加都会导致基础货币的等额增加。如果中央银行从商业银行购进证券，那么商业银行在证券减少的同时，直接增加其在中央银行账户上的存款。如果出售者为普通企业和社会公众，他们将收入款项存入商业银行，商业银行就可能将提取准备金后的余额发放贷款。可见，无论

出售者是谁，都会导致商业银行超额准备金头寸的增加，使货币供应按乘数原理数倍扩张。同时，这种购买对利率也有直接的影响。中央银行购进有价证券，直接引起市场上对有价证券需求额的增加，证券供应关系发生变化，供不应求，使证券价格上涨，证券收益率下降，因而影响货币市场短期利率，使扩张性货币政策得以实施。

与其他货币政策工具相比，公开市场操作具有以下优点：

（1）公开市场操作实施与否、实施的规模均可以由中央银行根据货币政策目标和社会经济情况自行掌握，并且可以根据情况随时变化，还可以根据需要在短期内反复实施，因而具有主动性和灵活性。

（2）中央银行进行公开市场操作可以采取渐进的方式逐步将货币政策的意图贯彻下去，并根据金融市场的反应随时调整操作的方向和力度，发现决策或者操作有误，还可以及时修正，不会引起金融市场的震动，因而具有弹性和柔和性。

（四）再贷款

再贷款在整个银行贷款中处于总闸门的地位，它的投向和投量可以直接引导和调节整个银行体系贷款的规模和结构。因此，它既是商业银行向中央银行融通资金的重要渠道，也是中央银行执行货币政策的重要工具之一。

再贷款与一般的商业银行贷款有着明显的区别：

第一，贷款的对象不同。商业银行贷款的对象是企事业单位和个人，而再贷款的对象是商业银行。

第二，贷款的依据不同。商业银行根据自有资金的数量和盈利性原则决定是否发放贷款、发放的数额，而中央银行发放再贷款依据的是经济发展的需要和货币供应量的状况。

第三，贷款的期限不同。中央银行的再贷款一般用于解决商业银行临时头寸不足的问题，因此期限较短。

（五）基准利率

通常来说，整个利率体系包括法定利率、基准利率、浮动利率、优惠利率、差别利率和加息利率等。基准利率是在利率体系中起主导作用的基础利率，在正常情况下，它总是处于整个利率体系中的最低水平，它的水平和变化决定着其他各种利率的水平和变化。如中央银行通过提高基准利率中的贷款利率可以抑制金融机构向中央银行贷款，从而限制信贷规模的扩大，减少货币供应量；反之，降低贷款利率，则可以扩大信贷规模，增加货币供应量。

五、人民币的发行

（一）人民币的法律地位

《中国人民银行法》第 16 条规定，中华人民共和国的法定货币是人民币。以人民币支付中华人民共和国境内的一切公共的和私人的债务，任何单位和个人不得拒收。这一规定表明了人民币的法律地位及其具有的支付功能。这就是说，人民币是我国唯一的合法货币，禁止其他货币在我国境内流通。在我国，市场上只允许人民币流通，除因有涉外因素而有法律、法规特殊规定外，在我国境内的一切货币收付、记价、结算、记账、核算都必须以人民币为本位。同时，人民币主币和辅币具有无限清偿能力。所谓无限清偿能力是指法律赋予货币的无限支付能力，即在使用时，每次支付的数额不受限制，任何人不得拒绝接受。

（二）人民币的发行机构和发行原则

在我国，人民币由中国人民银行统一印制、发行，未经中国人民银行授权，任何单位和个人不得印制、发行人民币。

人民币的发行遵循下列原则：

（1）集中统一管理的原则，即人民币由中国人民银行统一印制、发行。任何单位和个人不得印制、发行代币票券。

（2）计划发行原则，即人民币的发行必须依法按照国家货币政策和发行计划进行。中国人民银行发行新版人民币，应当将发行时间、面额、图案、式样、规格予以公告。

(3) 信用发行原则，即人民币的发行必须根据国民经济发展需要和商品流通的实际需求，通过银行的信贷渠道有计划地发行。中国人民银行不得对政府财政透支。

第二节　银行业金融机构法

一、商业银行法

（一）商业银行法的概念

商业银行是指依照商业银行法和公司法设立的吸收公众存款、发放贷款、办理结算等业务的企业法人。商业银行法是规范商业银行的法人资格、业务范围、经营原则，银行的设立、变更和终止，清算和解散的条件、程序，银行业务的监督和管理及银行的法律责任的法律规范。

（二）商业银行的业务范围

商业银行以安全性、流动性、效益性为经营原则，其业务按照资金来源和用途可以分为负债业务、资产业务和中间业务。《商业银行法》规定，商业银行可以经营下列部分或者全部业务。

1. 负债业务

负债业务指商业银行通过一定的形式，组织资金来源的业务。其主要包括：吸收公众存款；发行金融债券；从事同业拆借。

2. 资产业务

资产业务指商业银行利用其积聚的货币资金从事各种信用活动的业务，是商业银行获得收益的主要方式。其主要包括：发放短期、中期和长期贷款；办理票据承兑与贴现；买卖政府债券、金融债券。

第五章　银行法律制度研究

3. 中间业务

中间业务，指商业银行不需要运用自己的资金，只代替客户承办交付和其他委托事项而收取手续费的业务。中间业务是银行三大业务之一，主要包括：办理国内外结算；从事银行卡业务；代理发行、代理兑付、承销政府债券；买卖、代理买卖外汇；提供信用证服务及担保；代理收付款项及保险业务和提供保管箱服务。

（三）商业银行的设立

商业银行的设立要比普通法人公司的设立要求更加严格。依据我国相关法律的规定，商业银行的设立应符合以下几个条件。

（1）具有符合相关法律规定要求的章程。

（2）拥有商业银行法限制的最低注册资本限额。我国商业银行法规定全国性商业银行的最低注册资本为 10 亿元人民币，城市商业银行的最低注册资本为 1 亿元人民币，农村商业银行的最低资本限额为 5000 万元人民币。

（3）具有相应知识的董事与高级管理人员。

（4）健全的组织机构和相应的管理制度。

（5）有确定的营业场所安全防范措施以及与业务相关的其他设施。

商业银行设立要经过国务院银行业监督管理机构的审查，否则不得在公司名称中使用"银行"字样。经批准的商业银行，银行业监督管理机构核发经营许可证，并向工商行政管理部门登记，领取银行营业执照。

（四）商业银行的业务管理

1. 存款业务管理

商业银行向个人以及企事业单位提供存款服务时，应按照中国人民银行的规定施行，确定存款利率结构，并在营业厅的明显位置进行公告。在个人和企事业单位存款到期时，商业银行应及时支付存款本金与利息。除有特殊情况以外，商业银行不能随意处理任何单位或者个人的存款，并保障存款安全。

2. 贷款业务管理

依据社会经济发展的需要以及相关管理机构的指导，商业银行应向社会发放贷款业务。依据中国人民银行的贷款指导文件，商业银行确定自身贷款利率结构，并严格相应贷款制度。为保证贷款还款，商业银行应严格审查借款人的用途与偿还能力，依据不同的情况要求借款人提供担保，并对保证人的偿还能力、抵押和质押的物品价值进行严格审查。在审查确认符合贷款条件以后，再决定是否发放贷款。若发放贷款，商业银行需与借款人签订书面合同，应约定贷款类型、用途、金额、利率、期限、还款方式、违约责任和双方应确定的其他事项。

商业银行可以发放的贷款有严格的要求。依据我国相关法律对商业银行贷款的规定，商业银行的资本充足率不得低于 8%；贷款余额与存款余额的比例不得超过四分之三；流动性资产余额与流动性负债余额的比例不得低于 25%；对同一借款人的贷款余额与商业银行的资本余额比例不得超过 10%；遵守银监会的其他贷款规定。

商业银行不得向专业管理人员的近亲属及其他有利益关系的人员或者单位发放信用贷款，担保贷款条件不得优于其他同类借款人的条件。

借款人应按照约定按期归还贷款本金与利息。贷款逾期或者存在其他不良贷款现象，商业银行应按照贷款约定合同行使相应权利，如出现障碍，商业银行应及时起诉至法院。

3. 其他业务管理

我国商业银行法规定我国商业银行不得从事信托与证券经营业务，不得以任何名义从事自用不动产或者其他非银行类金融机构与企业投资，国家另有规定的除外。发行债券或者境外借款，应当符合相应法律和行政法规的比准。

商业银行票据业务应依照相应规定期限兑现，不得进行违反规定的操作。商业银行表外业务也应当以公平信用为基本准则开展，不得随意修改相应规章制度。

(五) 法律责任

1. 损害存款人或其他客户利益的法律责任

有下列情形之一的，商业银行应当承担对客户造成经济损失的民事责任，并

第五章　银行法律制度研究

进行履约赔偿。

（1）因不正当理由或者无故拖延支付存款本金与利息的。

（2）违反票据承兑以及其他结算业务规定，不予入账，压单、压票或者其他违反退票规定的。

（3）非法对存款账户进行操作的。

（4）违反相关法律规定对客户造成实际损害的其他行为。

商业银行存在上述行为的应由银监会进行监督管理责令改正，存在违法所得的，应没收违法所得，并依据相应标准进行处罚。

2．非法从事金融业务，违规操作业务的法律责任

我国商业银行没有特殊规定的情况下不得从事金融业务，若发现将面临没收违法所得并进行相应罚款的处罚。我国法律对存款机构的限制非常严格，根本目的是为了保障存款人的利益。一旦因为从事金融业务而陷入破产边缘，首先威胁的将是存款人的利益，其次则是对整个国民经济体系造成威胁。

3．违反金融监管的法律责任

银行业监督管理委员会是对银行业进行监管的专门机构，其目的是为了保障银行业的安全有效运行。商业银行应按照银行业监督管理委员会的要求从事自己的生产经营活动。商业银行有下列情形之一的，银行业监督管理委员会有权对其进行 20 万元以上 50 万元以下罚款、吊销许可证以及其他不同程度的处罚。

（1）拒绝银行业监督管理委员会检查或者给他造成障碍的。

（2）提供虚假财务会计报告，或者隐瞒重大事项的。

（3）未遵守银行业监督管理委员会关于资本充足率、存贷比率、资产流动性比率、重大借款人贷款比率以及其他指标要求的。

（4）未按照中国人民银行规定缴存存款准备金的。

4．工作人员的法律责任

商业银行工作人员利用职务上的便利，索取、收受贿赂或者违反国家规定收受各种名义的回扣、手续费；贪污、挪用、侵占本行或者客户资金，玩忽职守造

成损失的；泄露在任职期间知悉的国家秘密、商业秘密的，构成犯罪的，依法追究刑事责任；尚不构成犯罪的，应当给予纪律处分。

商业银行相关工作人员违反近亲属相关规定进行私人牟利的，如果造成损失应承担对所造成损失的全部或者部分赔偿责任，未造成贷款损失的则应给予纪律处分。如果其他单位或个人强令其发放贷款而未予拒绝的，应当首先给予纪律处分，造成损失应承担部分赔偿责任。

二、政策性银行法

(一) 政策性银行法概述

政策性银行法是关于政策性银行的组织和活动的法律规范的总称。对政策性银行，有的国家规定于中央银行法或其他法中，有的国家单独立法。例如，日本的《开发银行法》《输出入银行法》与《普通银行法》即是分别立法、各成体系。

我国至今尚未制定《政策性银行法》，这是一个缺陷。我们建议：（1）政策性银行已经在我国发展成为一类独特的银行，并逐渐拥有较大的自主权，对整个国民经济也起到相应的作用，需要一部法律进行长期规范。（2）政策性银行法首先应对政策性银行进行准确定位，并规定政策银行的组织机构，规定政策性银行的业务范围，规定其监管与法律责任。

(二) 政策性银行的设置

各国的政策性银行一般由政府创立、参股或保证，为国家的特定经济政策服务，是介于中央银行与商业银行之间的一种银行。政策性银行在执行货币政策过程中与中央银行发生联系。政策性银行的主要目的并不是盈利，因此不与商业银行展开竞争。

(三) 政策性银行的特点

政策性银行承担的任务特殊。其中，我国的开发银行保证国家重点建设项目的资金供应；农业发展银行集中信贷支农力量；进出口银行为机电产品和成套设备等资本性货物进出口提供资金支持。

政策性银行经营目标特殊,从经济发展角度选择支持项目,主要考虑国家整体利益、社会利益,自身保本、微利即可。

政策性银行的资金来源也有特殊性,即信贷资金以国家财政拨款或贷款为基础,同时向国内外筹集资金,但不吸收居民个人储蓄存款。

三、金融租赁公司法律问题

(一) 金融租赁概述

随着社会的发展,企业运行中所需要专门设备的价值越来越大。一旦企业破产,原有的账面价值将会全部归零。这就需要通过融资租赁的方式降低企业运营的风险。在融资租赁的过程中,出租人根据承租人的要求,向其他企业定制特定的设备,并出租给承租人,承租人向出租人支付租金。通过这种方式,承租人一方面可以降低自身资金链断裂的风险,另一方面可以提高自有资金的使用效率,提高企业运行效率。融资租赁包括两个合同——融资租赁合同、租赁物买卖合同,三方当事人——出租人、承租人、出卖人。两个合同之间,三方当事人之间,既有交织,又有分解。这种融资租赁交易方式,兼具买卖、融资、租赁三者的某些特征。

(二) 金融租赁立法及其发展

我国从20世纪80年代起设立租赁公司,包括经营性租赁公司和融资性租赁公司(此即金融租赁公司)。1999年3月的《合同法》,对一般租赁关系专设"租赁合同"一章,对融资租赁关系专设"融资租赁合同"一章。2000年6月30日中国人民银行发布《金融租赁公司管理办法》。该办法所称金融租赁公司,是指经中国人民银行批准(现应改为经银监会批准)以经营融资租赁业务为主的非银行金融机构。

(三) 金融租赁法律关系

金融租赁法律关系通过相应的合同予以体现。融资租赁合同是出租人与承租人签订的。其内容包括租赁物名称、数量、规格、技术性能、检验方法、租赁期限、租金构成及其支付期限和方式、币种、租赁期间届满租赁物的归属等条款。

出租人享有租赁物的所有权。出租人的主要义务是，根据承租人的指示购买租赁物，再提供给承租人使用。出租人应当保证承租人对租赁物的占有和使用。出租人对租赁物是否合用不承担责任，除非承租人依赖出租人的技能确定租赁物或者出租人干预选择租赁物。

承租人对出卖人、租赁物享有选择权。承租人对租赁物享有占有权和使用权。承租人的主要义务是：妥善保管、正确使用租赁物；负责维修；支付租金。

对于标的物的归属，如果出租人和承租人之间有相应协议的，标的物应按照相应协议予以确定，没有协议的，标的物的所有权为出租人。如果协议中规定标的物在租赁期满后归属承租人，但是承租人未能完整履行租赁协议的，出租人有权收回租赁物的所有权，若收回租赁物的价值超过承租人所欠租金和其他费用总和的，承租人可以要求出租人部分予以返还。

承租人对出卖人、租赁物提出选择要求。承租人接受出卖人交付的标的物，享有受领标的物有关的买受人的权利。三方可以约定，出卖人不履行买卖合同义务的，由承租人行使索赔权，出租人予以协助。

出租人承担付款义务，向出卖人购买租赁物。

出卖人应当按照约定向承租人交付标的物，并保证其质量。出卖人享有从出租人处收取货款的权利。

第三节 涉外金融法律制度

一、外汇管理制度

（一）外汇管理体制

1. 外汇的概念

一个国家通常规定了法币，以法币之外的货币标的的资产或者权利即可以称

第五章 银行法律制度研究

之为外汇。通常意义上，外汇包括以下这些类型：

（1）外币现钞，包括纸币、铸币；

（2）以外币为标的的支付手段或者支付工具；

（3）以外币标的的有价证券；

（4）特别提款权；

（5）其他外汇资产。

2. 外汇管理及立法状况

一个国家为了维护本国国际收支的平衡和汇价水平的稳定，对外汇的收付、买卖、借贷、转移，对本国货币的汇率和外汇市场的活动必须实行一整套管理措施，这就是外汇管理。外汇管理可以是比较宽松的，如我国香港、澳门两个特别行政区不实行外汇管制；也可以是比较严格的，如我国内地。我国于1980年12月18日发布《外汇管理暂行条例》。1996年1月29日发布了《外汇管理条例》。1997年1月14日对新《条例》作了修改。2008年8月1日又对该《条例》进行了修订。

3. 我国现行外汇管理体制

（1）组织体制。

国务院设置国家外汇管理局，作为在中国人民银行管理下的、依法进行外汇管理的行政机构。国家外汇管理局及其分支机构依法履行外汇管理职责，负责实施《外汇管理条例》。

（2）外汇管理的立法宗旨和基本制度。

我国外汇管理的宗旨是利用外汇管理促进国际收支平衡与国民经济的健康发展。因此，我国加强对境内机构与个人的外汇收支与经营管理活动以及境外机构与个人在境内的收支与经营活动的管理。针对这一管理目标，我国实行国际收支统计与申报制度，凡是涉及国际收支的单位与个人，必须向国家外汇管理局申报。国内禁止外币流通，不得以外币为商品计价单位，有特殊规定的除外。境内机构与个人的外汇收支可以调回境内或者存放境外的条件与期限由国家外汇管理局进行管理。

(二) 外汇业务及其管理

1. 经常项目外汇

经常项目，是指国际收支中涉及货物、服务、收益及经常转移的交易项目等。我国1994年进行外汇体制改革，取消了经常项目下大部分交易种类的购汇和支付的限制。从1996年12月1日起，我国接受《国际货币基金组织协定》第8条款，实行人民币经常项目可兑换。1997年1月14日对1996年公布实施的《外汇管理条例》进行了修改，增加一条作为第5条，规定："国家对经常性国际支付和转移不予限制。"

经常项目外汇收入应依据国家相关规定予以保留或者出售给经营外汇的专门机构。

经常项目外汇支出，应按照国家外汇管理局的制度，凭借有效单证以自由外汇支付或者通过经营结售汇业务的金融机构购买外汇支付。

2. 资本项目外汇

资本项目，是指国际收支中引起对外资产和负债水平发生变化的交易项目。这包括资本转移、直接投资、证券投资、衍生产品及贷款等。

在这些方面，对外商和外商投资企业管理较为宽松，对境内机构管理较为严格；在这些领域，人民币还不能完全自由兑换，但将逐步有所松动。

资本项目外汇收入保留或者卖给经营结汇、售汇业务的金融机构，应当经外汇管理机关批准，但国家规定无需批准的除外。

资本项目外汇支出，应当按照国务院外汇管理部门关于付汇与购汇的管理规定，凭有效单证以自有外汇支付或者向经营结汇、售汇业务的金融机构购汇支付。应当经外汇管理机关批准的，应当在外汇支付前办理批准手续。

(三) 金融机构外汇业务

涉及外汇业务的金融机构须向管理机构申请外汇经营业务许可证，并按照国家相关规定，为客户设立外汇账户，办理有关外汇收支与结算业务。

第五章 银行法律制度研究

(四) 人民币汇率和外汇市场

1．人民币汇率

人民币汇率实行以市场供求为基础的、有管理的浮动汇率制度。1997年亚洲金融危机发生以后，在周边许多国家货币大幅度贬值的情况下，我国权衡利弊，坚持人民币不贬值。实践证明，当时保持人民币不贬值的政策，不仅有利于我国经济的稳定和发展，而且对亚洲乃至全世界也是做出了积极的贡献。与此同时，为了保障对外贸易发展，人民币也不能过于升值。总之，仍然是要坚持"稳定币值"的政策。

2．外汇市场

外汇市场交易应当遵循公开、公平、公正和诚实信用的原则。国家对外汇市场依法实施监督管理。我国的外汇市场将进一步扩大开放。

二、外债管理制度

(一) 外债的范围

外债，是指中国境内的机关、团体、企业、事业单位、金融机构或者其他机构（以下统称借款单位）对中国境外的国际金融组织、外国政府、金融机构、企业或者其他机构用外国货币承担的、具有契约性偿还义务的全部债务。包括：国际金融组织贷款；外国政府贷款；外国银行和金融机构贷款；买方信贷；外国企业贷款；发行外币债券；国际金融租赁；延期付款；补偿贸易中直接以现汇偿还的债务；其他形式的对外债务。

借款单位向在中国境内注册的外资银行、中外合作银行借入的外汇资金视同外债。

(二) 对借用外债的管理

1．实行几项制度

（1）登记制度。

国家对外债实行登记制度。境内机构应当按照国务院关于外债统计监测的规定办理外债登记。国家外汇管理局负责全国的外债统计与监测工作。

（2）专户管理制度。

国家对外债资金的流入流出实行专户管理。外债专用账户（包括贷款专户和还贷专户）原则上只能在外汇指定银行开立。境内的外资银行只能为债务人开立本银行贷款项下的贷款专户和还贷专户。

（3）偿还审核制度。

国家对外债的偿还实行审核制度。偿还金额不得超过实际借入外债本息和费用之和。没有办理登记手续的外债偿还，外汇管理局不予核准。

2. 加强外债管理

国家对全国外债总量和结构实行统一监管，以保持外债的合理规模和结构，并将主要外债指标控制在安全线以内。不得违反规定擅自举借外债，不得变相对外举债。要合理安排外债投向，提高外债使用效益。要切实保证偿还外债，但严格控制提前偿还，禁止用人民币购汇提前偿还。

三、外资金融机构管理制度

（一）设立

国务院曾于 1994 年 2 月 25 日发布《外资金融机构管理条例》；2001 年 12 月 20 日以新的《外资金融机构管理条例》取而代之。

外资金融机构，是指依照中国有关法律、法规的规定，经批准在中国境内设立和营业的下列金融机构：（1）总行在中国境内的外国资本的银行（简称独资银行）；（2）外国银行在中国境内的分行（简称外国银行分行）；（3）外国的金融机构同中国的企业（含公司）在中国境内合资经营的银行（简称合资银行）；（4）总公司在中国境内的外国资本的财务公司（简称独资财务公司）；（5）外国的金融机构同中国的企业（含公司）在中国境内合资经营的财务公司（简称合资财务公司）。

第五章　银行法律制度研究

设立外资金融机构，必须依法办理申请、审批和登记手续。

独资银行与合资银行的最低注册资本限额为 3 亿人民币，或与其等值的自由货币。财务公司的最低注册资本限额为 2 亿人民币，或与其等值的自由兑换货币。这些最低注册资本限额为实收资本。除此之外外国银行总行须无偿向分行划拨 1 亿人民币或等值的自由兑换货币的营运资金。

(二) 业务范围

上述五种外资经营机构按照国务院银行业监督管理机构批准的业务范围从事金融业务活动。经批准，独资银行、合资银行可以从事人民币外汇业务。

(三) 监督管理

对外资金融机构实施必要的监督管理，是国家行使其主权的体现。但是，必须依法管理，不能随意干预其正常的经营活动。

1. 法定的作为义务

主要有：（1）外资金融机构的存款、贷款利率及各种手续费率，由外资金融机构按照中国人民银行的有关规定确定。（2）外资金融机构经营存款业务，应当按照规定缴存存款准备金。（3）外国银行分行的营运资金的 30% 应当以中国人民银行指定的生息资产形式（包括存款）存在。（4）外资金融机构应当确保其资产的流动性。流动性资产余额与流动性负债余额的比例不得低于 25%。（5）外资金融机构应当按照规定计提呆账（坏账）准备金。（6）外资金融机构应当聘请中国注册会计师。（7）外资金融机构应当按照规定申请办理有关批准、登记手续。（8）外资金融机构应当按照规定向中国主管当局报送财务报表和有关资料。

2. 法定的最低标准

主要有：（1）独资银行、合资银行、独资财务公司、合资财务公司的资本充足率不得低于 8%；对 1 个企业及其关联企业的授信余额，不得超过其资本的 25%（经中国主管当局批准的除外）；固定资产不得超过其所有者权益的 40%；资本中的人民币份额与其风险资产中的人民币份额的比例不得低于 8%。（2）外国银行分行营运资金加准备金等之和中的人民币份额与其风险资产中的人民币份额的比例不得低于8%。(3)外资金融机构从中国境内吸收的外汇存款不得超过其境内外汇总资产的70%。

以上规定都是适应审慎经营与审慎监管的要求作出的，符合国际通行规则。外资金融机构应当接受中国主管当局依法进行的监督管理。

四、违反涉外金融法的法律责任

(一) 违反外汇管理法的责任

1. 违法行为

（1）逃汇。

逃汇是指逃避国家外汇管理的行为。主要表现有：违反规定将境内外汇转移境外，或者以欺骗手段将境内资本转移境外等。

（2）套汇。

套汇是指通过非法手段违法套取外汇的行为。主要表现有：违反外汇管理相关规定以外汇结算应当以人民币结算的相对款项，或以无效的单证向经营结售汇业务的金融机构骗取外汇。

（3）其他违法行为。

例如：违反规定将外汇汇入境内；违反规定携带外汇出入境；违反外债管理规定，擅自对外借款、在境外发行债券或者提供对外担保；违反规定，擅自改变外汇或者结汇资金用途；私自买卖外汇、变相买卖外汇、倒买倒卖外汇；等等。

2. 对违法行为的处理

逃汇的行为，外汇管理机构可向其发出通告责令其在规定期限内调回外汇，并可处以相对于逃汇金额最高30%的罚款。若逃汇情节严重，则可处逃汇金额最低30%最高等值的罚款。若构成犯罪，则可追究其刑事责任。

对套取外汇的行为，外汇管理机构可发出通告回兑非法套汇资金，并处以非法逃汇资金最高30%的罚款，情节严重的，则可处以最高与非法套汇金额等值最低30%的罚款。若构成犯罪，则应当由公检法机关追究其刑事责任。

对其他违法行为，根据不同情况，由外汇管理机关责令纠正，并分别处以警告、强制回兑、没收违法所得、罚款、责令停业整顿或者吊销业务许可证等处理、处罚；构成犯罪的，依法追究刑事责任。

(二) 违反外债管理法的责任

1. 违法行为

（1）违反外债管理的行为。

主要有：擅自办理对外还款的；违反国家有关规定，擅自在境外发行外币债券的；违反国家有关规定，擅自提供对外担保的；其他违法行为，如未经外汇局核准擅自对外偿还外债本息的。

（2）违反外债登记规定的行为。

主要有：故意不办理或者拖延外债登记手续的；伪造、涂改外债登记证的。

2. 对违法行为的处理

对违反外债管理行为的，由外汇管理机关给予警告，通报批评，并处10万以上、50万以下的罚款；构成犯罪的，依法追究刑事责任。

对违反外债登记的，由外汇管理机关处以不超过所涉及外债金额3%的罚款。

(三) 违反涉外金融机构管理法的责任

1. 违法行为

主要有：未经批准擅自设立外资金融机构或者非法从事金融业务活动的；超越批准的业务范围、业务地域范围或者服务对象范围从事金融业务活动的；违反有关规定从事经营的；违反有关监督管理规定的。

2. 对违法行为的处理

对违反金融法的行为，根据不同情况，由中国人民银行和国务院银行业监督管理机构依法分别予以取缔、没收非法所得、罚款、责令停业直至吊销其营业许可证等处罚。

外资金融机构违反中国其他法律、法规的，由有关主管机关依法处理。

1997年9月，中共十五大报告中提出：要"依法加强对金融机构和金融市场包括证券市场的监管，规范和维护金融秩序，有效防范和化解金融风险"。2003年10月，中共中央《关于完善社会主义市场经济体制若干问题的决定》指出：要"强化金融监管手段，防范和打击金融犯罪"。依法追究各种违反金融法行为的责任，是对付金融风险、稳定金融秩序的重要措施。

第六章　财政法律制度

财政法律制度为国家财政的正常运转提供了法律保证与支持，为社会和经济的稳定发展打下了坚实的基础。财政法律制度主要包括预算法、国债法以及政府采购法，每种法律都对我国财政的运作有着重要的作用，需要我们进行全面的分析和认识。

第一节　财政法概述

一、财政概述

（一）财政的概念

财政是国家为了保证社会的正常运转和公民的集体诉求而依法获取的征收、管理和使用国民收入并对国民收入进行分配和再分配的所有财务活动的总称。财政是国家进行社会分配的主要手段，也是调节居民收入对社会财富进行分配调整的主要依据。

财政是经济学的重要内容，与私有经济相互对应，财政是社会财富分配的主要手段；财政是一个历史范畴，它随着国家的产生而产生，与国家共同发展、共同兴衰。没有国家支持和政权依附，财政是不可能存在的，当然如果没有财政，国家也难以稳定、繁荣地发展。

（二）财政的职能

1. 决策职能

决策，简单的来说就是在一定的环境或者状态中，对未来活动方案的选择。

组织者的决策是否正确直接关系到活动能否成功。财政运作的效果对经济能否稳定运行有着重要的作用,我们应该充分认识到这一点,进行科学的财政决策,保证财政运行的稳定和健康。想要做好财政工作除了要掌握专业的财务以及管理知识,还要对我国的财政法律政策有一个全面深刻的理解,这是做好财务工作的两个基本点。可以说,财政工作是一项涉及多学科知识的综合性工作,需要我们付出大量的时间和精力才能逐步摸索到其中的规律。

2. 计划职能

财政决策所要解决的问题是如何在复杂的社会和经济环境中完成计划的财政目标。财政决策的科学与否对财政目标的实现具有不可或缺的作用,但是我们也不能忽略财政方案和计划在财政目标实现过程当中的作用。财政方案是财政目标实现的具体计划,财政活动通常都是按照实现财政目标而制定的财政方案进行的,也就是说财政方案直接与财政活动的实施相关,它对财政目标实现的重要作用不言而喻。因此,在确定了财政活动的具体方案之后,就要根据具体情况来编制财政实施计划,这也是之后工作的中心。从内容上来说,财政计划主要包括资金的使用、资金的分配方式以及分配数额等。

3. 组织职能

财政组织职能是财政组织的基本职能,也是其存在的意义所在。从本质上来说,财政管理就是在已有的条件下通过合理的组织与计划实现既定财务目标的过程。虽然随着财务活动的日渐复杂,计划、决策等多种职能逐渐演变出来,但财政组织最基本、最原始的职能依然是其组织职能,这是由财政管理的性质以及财政组织存在的意义共同决定的。

4. 控制职能

财政组织的控制职能也是其基本职能之一,在财务计划的实施过程当中,由于各种不可控因素的出现,财政计划可能在实施过程中偏离预期的轨道。对于这种现象,如果我们不及时进行调整和控制,财政目标的实现就会受到影响。从广义上来说,财政组织的控制职能可以从三个方面来进行,即事前控制、事中控制

第六章 财政法律制度

以及事后控制。在财政计划组织实施的过程中，狭义的控制则特指事中控制。由于主客观两方面的原因，财政活动的实际进展与计划要求可能会发生差异。对于这种差异，如果不加以控制，财政计划的最终完成就不能得到保证。这里，我们是从狭义的角度出发对财政控制进行描述的，从这一层面来说，财政控制就是在财政计划实施的过程中对各种突发状况和风险因素进行排除和调整的财政活动。在财政控制的过程中，我们要根据具体的情况，采取灵活的手段和措施控制相关状况，保证财政计划的顺利实施。

5. 分析、评价与考核职能

财政分析是事后的财政控制。财政分析的基本目的，是为了说明财政活动的实际结果与财政计划或历史实绩等之间的差异及其产生原因，从而为编制下期财政计划和以后的财政管理提供一定的参考依据。财政分析的基本手段是比较分析和比率分析。通过比较分析，能发现差异——有利的或不利的；通过比率分析，则能进一步发现差异产生的原因主要在于哪些方面。当然，要想知道各种具体因素对财政活动实际结果的影响程度，则需运用因素分析等具体方法。

(三) 财政的特征

从整个社会经济的参与主体和性质来说我们可以将其分为两类：一类是各种市场主体之间的经济活动，即私人经济；另一类是国家或政府相互之间及其与市场主体相互之间的经济活动，即公共经济。这种分类对于理解财政的特征具有重要意义，因为财政的基本特征正是在这些不同的环境和背景之下才得以彰显的。具体来说财政具有以下几个特征。

1. 强制性

财政与私人经济的资财转移有很大的不同，因为在公共经济中，国家从私人经济中取得资财是依其主权地位和所有者地位，并且以强制、无偿取得为主，而不是靠私人的自愿奉献，因此，财政必须以国家强制力为后盾，才能形成稳定的资金来源，其整个运作体系才能得以运转。

2. 非营利性

财政是一种公共财富，因此其运作目的也具有很明显的公用目的性，而不是像私人经济将经济收益作为其投资的最根本目的和追求。财政收支、管理活动主要是为了向社会提供公共物品，增进社会福利，而不是以营利为目的。因此，"取之于民，用之于民"，是财政的根本要义。

3. 永续性

在存续时间上，财政依托于国家政权而存在，因此其延续期是与国家或政府并存的，可以说具有非常稳定的永久连续性。私人经济则不具备这一特性，因为私有经济的经营主体并不能永续存在。

二、财政法的概念

财政法，是调整在国家为了满足公共欲望而取得、使用和管理资财的过程中发生的社会关系的法律规范的总称。它是经济法的重要部门法，在宏观调控和保障社会公平方面具有重要的作用。

（一）财政法的调整对象

财政法的调整对象是一种社会关系，这种社会关系是在国家获取、使用和管理社会资产的过程中产生的，同样在财政收入、财政支出以及管理过程中也会发生。我们发生在财务运作中的关系统称为财政关系，因此我们可以将财政法视为调整财政关系的法律规范的总和。

财政法所调整的财政关系包括以下几个方面。

（1）财政收支管理关系，是在财政活动中形成的最主要、最广泛的社会关系。它包括财政收入关系、财政支出关系以及财政管理关系。

（2）财政活动程序关系，这是在依法定程序进行财政活动的过程中形成的社会关系。

（3）财政管理体制关系，是在相关的国家机关之间进行财政管理权限的横向和纵向划分的过程中所发生的社会关系。它是上述两类财政关系存在的前提。

(二) 财政法的特征

财政法的特征是指财政法与其他部门法律的区别之处，也叫特有征象。财政法的特征是其本质特点的外在表现，是对财政法功能和意义的进一步揭示。

财政法的特征因分析角度和比较对象的不同，可以作出不同的概括。在财政法的定义中，实际上已经蕴含了财政法的特征。对此可以概括为以下几个方面。

（1）国家主体性。

国家在财政关系中始终是主体的一方，且在财政活动中居于主导地位，从而使财政法具有了公法的性质，并与私法有了明显的区别。

（2）法域特定性。

财政法作用于财政领域，这与刑法、行政法等公法的其他部门法的法域是不同的。这种法域的特定性，使财政法的宗旨、原则、调整方法等都有自己的独特性，从而使之能够与公法领域的其他部门法相区别。

（3）调整对象的独特性。

财政法的调整对象是财政关系，是其他部门法都不调整的。由此不仅可以使之区别于公法中的其他部门法，而且也能够区别于经济法中的其他部门法。

可见，财政法与私法的各个部门法相比，具有十分明显的公法特征；与经济法以外的公法的部门法相比，财政法不仅有自己独立的调整对象，而且法域、宗旨等都是不同的，从而可以与经济法以外的其他部门法相区别；与经济法的各个部门法相比，它有自己独特的调整对象，从而可以使之与联系最为密切的经济法的各个部门法相区别。

三、财政法的地位

财政法的地位，是指财政法在法的体系中是否具有自己的位置，其独立存在是否具有不可替代的理由和价值。依据一般法理，要判定财政法的地位，主要是看财政法是否能够成为一个独立的法的部门。

财政法的调节对象是独立的，即财政关系，并且其他部门法无权对这一关系进行调整和约束，因此，我们可以说财政法的调整与其他任何部门法的调整都既不存在交叉，也不存在冲突，从而有其不可替代的理由和价值。由于有自己独立的调整对象、性质相同的法律规范就能够组成一个部门法，因此，财政法能够成为一个独立的法的部门，在整个法的体系中有自己独立的位置。

财政法是一个独立的法的部门，这是一个毫无异议的命题。但是，对于财政法究竟属于哪个层次的部门法，则存在着争论。例如，有人认为它属于行政法，也有人认为它属于经济法，还有人认为它属于与经济法、行政法、民法等相并列的一个独立的法的部门。考虑到财政法在调整对象、特征、宗旨、本质等各个方面，在总体上都与经济法是一致的，因此，本书认为财政法是经济法的部门法，并且是经济法的宏观调控法中的重要部门法。

财政法作为法的体系中的一个独立的部门法，它同与其相邻近的部门法之间既存在着明显的区别，也存在着密切的联系。特别是财政法与行政法、民法等的密切联系，都是值得重视和需要深入研究的。

四、财政法的体系

财政法的体系是财政法的各类法律规范所组成的和谐统一的整体。它应当是内外协调的，即对外要求财政法与其他部门法要和谐共处，对内要求组成财政法的各类法律规范要协调互补。

财政法的体系取决于其调整对象。由于财政法的调整对象是财政关系，因而财政法的体系也就应当是由调整各类财政关系的各类财政法律规范所构成的和谐统一的整体。从财政法理论上说，既然财政关系可以分为财政管理体制关系、财政收支管理关系以及财政活动程序关系，则调整财政关系的法律规范也就相应地可以分为三类，即财政管理体制法律规范、财政收支管理法律规范、财政活动程序法律规范，它们都是财政法体系不可缺少的组成部分。

我们需要注意的是，经济法是一种自足性很强的法律制度，也就是说它可以将实体法规范与程序法规范熔于一炉，因此，在形式意义上的财政法中，往往也是上述三种调整财政关系的法律规范并存。事实上，由于在财政法中，实体法规范与程序法规范存在密切联系，且有关财政收支的规范与有关财政管理的规范亦存在内在联系，因而在立法上一般并不把上述三类规范割裂开来。

对于财政法体系的结构，一般是从财政收入和财政支出两个角度来进行分析和解读。

从财政收入的角度说，因为税收和国债是国家财政收入主要来源，二者占据了财政收入构成比例的绝大部分，因此用于调整、平衡税收、国债收入的《税法》和《国债法》就成为梳理财政收入、调整财政关系的主要法律依据。

从财政支出的角度说，财政支出的主要用途是进行国家建设，并通过采购促进社会经济的发展，此外，转移支付也占据了政府支出的相当一部分比例。因此，用于规范采购行为的《采购法》和用于转移支付的转移支付法是平衡财政支出、调整支出关系的主要部门法。

由于预算法对预算关系的调整既涉及财政收入，同时也涉及财政支出，因此我们可以将其看做财政关系的总体法律依据，也是财政法律体系的核心法律。它是财政法中的核心法。这样，上述的预算法、税法、国债法、政府采购法和转移支付法等就构成了财政法的体系。该体系从一定意义上可以看作是财政政策的各项手段所构成的体系的法律化。

第二节　预算法

一、预算和预算法概述

预算，这里是指国家预算，其含义是国家根据本会计年度的收入和支出状况，对下一个会计年度收入和支出的预先估算。

"预算"一词我们并不陌生，它经常在各种语境中被使用。通常来说，国家的预算在形式上体现为反映财政收支的特定表格,但实质上,它反映的是国家预算的编制、议定和执行等一系列活动,它反映了政府活动的范围、方向和政策目标。

预算法,是调整在国家进行预算资金的筹集、分配、使用和管理过程中发生的经济关系的法律规范的总称。

预算法的调整对象是在国家进行预算资金的筹集、分配、使用和管理的过程中发生的经济关系,简称预算关系。它包括预算程序关系和预算实体关系两个方面。前者是预算主体在履行预算的编制、议定、执行的程序的过程中发生的经济关系,后者是在组织、取得和分配使用预算资金过程中所发生的经济关系。这两类预算关系是密切相关的。

二、预算管理职权

国家的预算活动必须依法进行管理,才能有效地实现预算法的宗旨;而预算管理则必须依法定的职权进行。我国的《预算法》对预算管理职权的划分主要有以下规定。

(一)各级权力机关的预算管理职权

1. 各级人大的预算管理职权

县级以上各级人大的预算管理职权主要有以下几个。

(1) 审查权,即有权审查本级总预算草案及本级总预算执行情况的报告。

(2) 批准权,即有权批准本级预算和本级预算执行情况的报告。

(3) 变更撤销权,即有权撤销或者改变本级人大常委会关于预算、决算的不适当的决议,县级以上地方各级人大还有权撤销本级政府关于预算、决算的不适当的决定和命令。

此外,设立预算的乡、民族乡、镇,由于不设立人大常委会,因而其人大的预算管理职权不仅包括上述的审查权、批准权和撤销权,而且还包括一般由人大常委会行使的监督权,即有权监督本级预算的执行。

第六章 财政法律制度

2. 各级人大常委会的预算管理职权

县级以上各级人大常委会的预算管理职权主要有以下几个。

（1）监督权，即有权监督本级总预算的执行。

（2）审批权，即有权审批本级预算的调整方案以及本级政府的决算。

（3）撤销权，全国人大常委会有权撤销国务院和省级人大及其常委会制定的同宪法、法律相抵触的关于预算、决算的行政法规、决定和命令以及地方性法规和决议；地方人大常委会有权撤销本级政府和下一级人大及其常委会关于预算、决算的不适当的决定、命令和决议。

(二) 各级政府机关的预算管理职权

县级以上各级政府的预算管理职权主要有以下几个。

（1）编制权，即有权编制本级预算、决算草案以及本级预算的调整方案。

（2）报告权，即有权向本级人大作关于本级总预算草案的报告；有权将下一级政府报送备案的预算汇总后报本级人大常委会备案；有权向本级权力机关报告本级总预算的执行情况。

（3）执行权，即有权组织本级总预算的执行。

（4）决定权，即有权决定本级预算预备费的动用。

（5）监督权，即有权监督本级各部门和下级政府的预算执行。

（6）变更撤销权。即有权改变或撤销本级各部门和下级政府关于预算、决算的不适当的决定、命令。

此外，乡级政府的预算管理职权主要是编制权、报告权、执行权、决定权，其具体内容同上。

(三) 各级财政部门的预算管理职权

各级财政部门是各级政府机关具体负责财政工作的职能部门，其预算管理职权实际上是上述的政府相关职权的进一步具体化，主要有：

（1）编制权，即有权具体编制本级预算、决算草案以及本级预算的调整方案。

（2）执行权，即有权组织本级总预算的执行。

（3）提案权，即有权提出本级预算预备费动用方案。

（4）报告权，即有权代其向本级政府和上一级政府财政部门报告本级总预算的执行情况。

三、法定预算收支范围

1994年我国开始实行中央与地方分税制，并在《预算法》中规定了预算收支的范围。我国《预算法》规定的预算收支范围为法定预算收支范围，不得随意改变。

法定预算收入具体包括：（1）税收收入；（2）依照规定应当上缴的国有资产收益；（3）专项收入；（4）其他收入。

法定预算支出包括：（1）经济建设支出；（2）教育、科学、文化、卫生、体育等事业发展支出；（3）国家管理费用支出；（4）国防支出；（5）各项补贴支出；（6）其他支出。

根据《预算法》的相关规定，预算收入由三部分构成，一部分是中央预算收入，一部分是地方预算收入，最后一部分是中央和地方共享的预算收入。

中央预算是保证经济、社会稳定发展的重要因素，因为中央预算的强大购买力，会带动社会经济的发展。中央预算的使用必须经国务院批准，人大常委会审核备案。上级人民政府不能在预算之外随意调用下级人民政府的预算资金，同样下级人民政府也不能占用、滞留上级政府的预算资金。

地方财政因为收入过少已经对政府行政职能形成制约的，在中央和地方形成合力的财政收支划分范围确定方面，应当按照适度分权原则、事权与财权相结合的原则，赋予地方一定的财政自主权，使其能够根据本地的实际合理地对财政收支进行安排，如2011年10月17日财政部制定的《2011年地方政府自行发债试点办法》，为增加地方财政收入、建立规范的地方政府举债融资机制发挥了重大的作用，有望日后在全国开展地方债的发行。

第六章 财政法律制度

四、预算管理程序

预算管理程序是国家在预算管理方面依序进行的各个工作环节所构成的有秩序活动的总体。在广义上它由预算的编制、审批、执行和调整、决算的编制和批准四个环节组成。

(一) 预算的编制

预算的编制，是指国家制定取得和分配使用预算资金的年度计划的活动。它是一种基础性的程序。在这一阶段编制的预算，实际上是预算草案，因而还不是具有法律效力的国家预算。

预算的编制程序主要有以下几个。

(1) 国务院于每年 11 月 10 日前向省级政府和中央各部门下达编制指示，提出编制的原则和要求，财政部据此部署编制的具体事项。

(2) 中央各部门布置所属各单位编制预算草案，在对各单位编制的预算草案进行审核后，汇总编制本部门预算草案，于每年 12 月 10 日前报财政部审核。

(3) 省级政府应提出本行政区域编制预算草案的要求。县级以上地方各级政府财政部门审核本级各部门的预算草案，编制本级政府预算草案，汇编本级总预算草案，经本级政府审定后，在规定期限内报上一级政府。省级政府财政部门应于翌年 1 月 10 日前将本级总预算草案报财政部。

(4) 财政部审核中央各部门预算草案，编制中央预算草案；汇总地方预算草案，汇编中央和地方预算草案。

(二) 预算的审批

预算的审批，是指国家各级权力机关对同级政府所提出的预算草案进行审查和批准的活动。它是使预算草案转变为正式预算的关键阶段。经过人大批准的预算，非经法定程序，不得改变。

根据《预算法》的规定，中央预算由全国人大审批，国务院在全国人大举行会议时，向大会做关于中央和地方预算草案的报告；地方各级政府预算由本级人大审批，地方各级政府在本级人大举行会议时，向大会做关于本级总预算草案的报告。

各级政府预算经本级人大批准后，必须依法自下而上地向相应的国家机关备案。各级政府财政部门应当在本级人大批准本级预算之日起30日内，批复本级各部门预算。各部门应当自财政部门作出批复之日起15日内，批复所属各单位预算。

（三）预算的执行和调整

预算执行，是指各级财政部门和其他预算主体组织预算收入和划拨预算支出的活动。它是将经过批准的预算付诸实施的重要阶段。在我国，各级预算由本级政府组织执行，具体工作由本级政府财政部门负责。

在组织预算收入方面，预算收入征收部门，也必须依照相关法律和规定的要求及时、足额征收应征的预算收入，不得违法擅自减免或者缓征，不得截留、占用或者挪用预算收入。此外，应上缴预算收入的部门和单位必须按规定将上缴的预算资金及时、足额地上缴国家金库（简称国库），不得截留、挪用或者拖欠。

在划拨预算支出方面，各级政府财政部门必须按照有关规定，及时、足额地拨付预算支出资金，加强对预算支出的管理和监督。各级政府、各部门、各单位的支出必须按照预算执行。

五、决算制度

决算，在形式上是对年度预算收支执行结果的会计报告；在实质上则是对年度预算执行结果的总结。决算制度是预算管理控制的最后一个环节，从我国相关制度的规定和财政管理实际来看决算制度包括决算草案编制以及决算草案审批两个主要内容。

（一）决算草案的编制

决算在形式上主要包括决算报表和文字说明两个部分，决算的体系构成及其

第六章 财政法律制度

收支项目与预算相同。一般来说，决算草案的编制原则主要有以下几个。

（1）合法原则，即编制草案必须符合法律、行政法规的规定，不得与之相抵触。

（2）准确完整原则，即草案中涉及的收支数额必须准确，且内容必须完整。

（3）报送及时原则，即必须严格按照规定的期限，把握好编制的进度，在相关环节之间依法及时报送。

依据上述的编制原则，应当按照下列程序编制草案。

（1）财政部在每年第四季度部署编制的具体原则、要求、方法和报送期限。据此，县级以上地方政府财政部门再对本级政府各部门和下级政府作出编制部署，层层下达。

（2）各单位应当把本单位的草案在规定期限内上报。各部门应当在各单位的草案的基础上汇编成本部门的草案，并按期报本级政府财政部门审核。

（3）县级以上 2 级政府财政部门应根据本级各部门决算草案汇总编制本级决算草案，在经过本级政府审定后，即可提请进入审批阶段。

（二）决算草案的审批

决算草案只有经过权力机关依法定程序审查和批准，政府在预算年度内的预算执行责任才能得以免除，一个预算年度的预算管理程序才告结束。

根据《预算法》的规定，决算草案的审批主体是各级权力机关，具体有以下三个。

（1）由国务院财政部门编制的中央决算草案，经国务院审定后，由国务院提请全国人大常委会审批。

（2）由县级以上地方各级政府财政部门编制的本级决算草案，经本级政府审定后，由本级人大常委会审批。

（3）由乡级政府编制的决算草案，由本级人大审批。

各级政府决算被批准后，财政部门应当向本级各部门批复决算。同时，地方各级政府应当将经批准的决算，报上一级政府备案。

六、违反预算法的法律责任

违反预算法的法律责任,简称预算法律责任,是指预算法主体违反预算法规定的义务所应承担的法律后果。

我国《预算法》对违反预算法的法律责任主要有以下规定。

(1) 擅自变更预算的法律责任。

在没有得到政府部门的核实和批准之前,擅自动用预算资金,并对预算方案进行修改的,对负有责任的主管、执行操作人员以及其他直接责任人进行行政处罚,如果情节严重对国家财产造成大量损失,则需要追究部分责任人的刑事责任。

(2) 擅自动用库款的法律责任。

对于未经批准动用相关款项的,勒令责任人及时退还相关款项,并对相关责任人进行行政处罚,如果情节严重对国家财产造成大量损失,则需要追究部分责任人的刑事责任。

(3) 违法进行预算收支的法律责任。

对于隐瞒实际预算收入,或将无关款项加入预算支出的,由上级政府或本级政府责令改正,并对相关责任人进行行政处罚,如果情节严重对国家财产造成大量损失,则需要追究部分责任人的刑事责任。

此外,为了纠正财政违法行为,维护国家财政经济秩序,国务院还制定了《财政违法行为处罚处分条例》(以下简称《条例》),该《条例》自 2005 年 2 月 1 日起施行。同以往相比,该《条例》对各类主体的财政违法行为作出了比较细致的规定,其中,有许多规定都是对预算法律责任的细化。

例如,相关国家机关及其工作人员违反国家财政收入管理规定的行为,违反国家财政收入上缴规定的行为,违反国家有关上调、下拨财政资金规定的行为,违反规定使用、骗取财政资金的行为,违反国家有关预算管理规定的行为,都是对预算法所保护的合法利益的侵害。对于上述违法行为,该《条例》规定,除了要制止相关的违法行为以外,一般都要责令改正,限期退还违法所得。对单位给予警告或者通报批评。对直接负责的主管人员和其他直接责任人员给予行政处分,根据情节，分别给予警告、记过、记大过处分等处分；情节严重的，给予降级、撤职或开除处分。

第三节 国债法

一、国债和国债法概述

（一）国债的概念和职能

国债具有自己的不同于其他相关对象的特征主要有以下三个。

（1）国债作为一种国家债务，其举借具有自愿性和偿还性，需遵守一般的诚实信用原则，因而与税收和罚没收入等不同；同时，其公共目的性又使其与一般私人债务相异。

（2）国债作为国家信用的最主要、最典型的形式，与商业信用、银行信用、消费信用等不同，它反映的是以国家或政府为债务人或债权人的借贷关系，以政府信誉作担保；同时，它以信用形式获取收入和进行支出，在重视宏观经济效益的同时兼顾微观经济效益。

（3）国债同金融债、企业债相比，其信用度最高，流动性更好，变现力、担保力更强。

（二）国债法的概念和主要内容

国债法是调整在国债的发行、使用、偿还和管理的过程中发生的经济关系的法律规范的总称。它是财政法的重要部门法，其许多基本原理与财政法是一致的。

国债法的调整对象是在国债的发行、使用、偿还和管理过程中发生的经济关系，简称国债关系。

（1）国债的发行关系是因国债发行而产生的国家与其他相对应的权利主体（包括作为债权人的外国政府）之间的经济关系，它是一种基础性的关系。

（2）国债使用关系是在国家将取得的国债收入进行使用的过程中发生的经济关系以及国债的权利主体在国债交易活动中发生的经济关系。

（3）国债偿还关系是在国家偿还国债本息的过程中发生的经济关系。

（4）国债管理关系是在国债流动的过程中发生的经济关系。

调整上述国债关系的各类法律规范，在总体上构成了国债法律制度。我国国债法的主要内容有以下几个。

（1）国债的分类和结构。

（2）国债的发行主体、发行对象与发行方式。

（3）国债发行的种类、规模或数额、利率。

（4）国债的用途、使用原则；国债市场与国债持券人的国债权利。

（5）国债还本付息的期限、偿还方式、方法。

（6）国债管理机构及其职权、职责。

（6）违反国债法的法律责任等。

我国的国债立法尚不完善。尽管改革开放以来，我国又开始重视运用国债手段，多次颁布《国库券条例》和《特种国债条例》等，但立法级次和适用范围等都离国债发展和国债立法的要求相距甚远。由于现行立法尚不成熟，因而下面主要介绍有关国债法的一些基本原理。

二、国债的发行、偿还与管理

（一）国债的发行

国债的发行，指国债的售出或被认购的过程。国债发行的重要问题是发行条件和发行方法。前者涉及国债种类、发行对象、数额、发行价格、利率、付息方式、流动性等内容；后者则关系到国债能否顺利地发行，因而同样是国债发行方面十分重要的问题。

国债的发行方法主要有以下几个。

（1）直接发行法，即政府部门通过特定的政府机构面向社会公众直接募集资金的国债发行方法。

（2）间接发行法，即政府部门与金融机构协商国债发行条件，先由金融机构将国债全部承购，再由其向社会转售的国债发行方法。

（3）销售发行法，即政府委托证券经纪人在证券交易所出售国债以取得资金的国债发行方法。

（4）摊派发行法，即政府按发行条件中规定的应债主体来分配发行数额，或者用发行新国债来顶替现金偿还义务的国债发行方法。

我国在1991年前大部分国债是采取行政分配方法直接发行的。其后也采取过由金融机构承购包销的间接发行法等方法。

（二）国债的使用

国债的使用包括政府对国债资金的使用以及国债债权人对其债券权利的行使两个方面。其中，政府的国债资金的使用途径主要是弥补财政赤字，进行经济建设和用于特定用途。而国债债权人对其债券权利的行使，主要是体现在证券的转让、抵押等方面。随着国债交易市场的日益开放，国债交易愈加活跃，交易方式更加多样。这对于进行公开市场操作，有效实施宏观调控，甚有裨益。

（三）国债的偿还

国债的偿还是国家依法定或约定，对到期国债还本付息的过程。偿还国债本息的资金来源可以是预算盈余，或者是专门的偿债基金、预算拨款，也可以是借新债还旧债。在偿还方法方面，可以是直接由政府或其委托的金融机构进行偿还，也可以通过市场收购来偿还，还可以通过抽签等方法来偿还。

（四）国债的管理

国债管理是为调控国债的规模、结构、利率等所采取的各种措施。国债管理贯穿于国债的发行、使用、偿还等各个环节，无论是对于经济的稳定增长和还是对于社会的安定团结都甚为重要。

国债管理主要包括以下两个方面的管理内容。

（1） 规模管理。

衡量国债规模的相对指标主要是国债的依存度（国债发行额与国家财政支出之比）、国债的负担率（国债余额与 GDP 之比）、国债的偿债率（国债的还本付息额与 GDP 之比）。

（2） 结构管理。

主要包括期限结构、利率结构、投资者结构等方面的管理。此外，为了加强对外债的统计监测，我国还实行外债登记管理。

第四节　政府采购法

一、政府采购及其重要作用

政府采购也称公共采购，是指政府为了实现公共目的，按照法定的方式和程序，以购买者身份购进货物、工程和服务的行为。政府采购属于政府的购买支出行为，是对财政收入的一种分配。政府采购制度在我国确立的时间并不是很长，但却是我国财政制度的重要组成部分。

随着经济全球化的发展，政府采购行为已经开始在国内市场和国际贸易中显现出了其重大的影响力。在市场经济条件下，消费者是市场得以获利的基础，而政府庞大的财力使其成为了最大、最有实力的消费者。各国之所以纷纷建立政府采购制度，是因为该项制度主要具有以下重要作用。

（1） 国家采购能够强化对财政支出的管理，提高财政资金流向的透明度和财政资金的使用效率，从而保障政府既定财政目标的实现。

（2） 国家采购制度与相关的经济政策和社会政策相配合，是国家宏观调控的重要手段，以它为抓手能够有效地调节国民经济的运行，并在最大程度上保证市场的繁荣和稳定。

（3） 政府采购能够加强国家财政监督的效果，促进反腐倡廉工作的开展。

第六章 财政法律制度

事实上，政府采购制度不仅是一国的重要财政制度，而且在国际经济协调方面也具有重要价值。早在 1979 年，在关贸总协定（GATT）的"东京回合"谈判中，相关国家就缔结了国际上最早的《政府采购协议》，并把 GATT 的最惠国待遇原则、国民待遇原则等基本原则引入了政府采购领域。此后，一些国家和国际经济组织也相继建立了相应的政府采购制度或订立协议，强调政府采购领域的市场准入，建立公平的、非歧视的政府采购制度。

随着市场经济的发展和财政体制的改革，我国对政府采购立法日益重视。《中华人民共和国政府采购法》（以下简称《政府采购法》）已由全国人大常委会于 2002 年 6 月 29 日通过，自 2003 年 1 月 1 日起施行。在该法颁行以后，财政部又发布一些配套规章，它们共同构成了我国的政府采购法律制度。

二、我国政府采购基本理论

（一）政府采购法的立法宗旨

根据《政府采购法》的规定，其立法宗旨包括：规范政府采购行为，提高政府采购资金的使用效益，维护国家利益和社会公共利益，保护政府采购当事人的合法权益，促进廉政建设五个方面。

上述五个宗旨，它们之间并不是独立存在的，而是有着紧密的联系。其中，规范政府采购行为，是该法的最为直接的调整目标。其理由主要有三个。

（1）只有有效规范政府采购行为，才可能更有效地避免在财政支出方面存在的各种问题，才能提高政府采购资金的使用效益；在此基础上，才能更好地维护国家利益，同时，也使得国家可以更好地提供公共物品，从而可以更好地维护社会公共利益。

（2）只有有效规范政府采购行为，才能有效地保护政府采购活动中各个方面的参加人的合法权益，实现各方利益的均衡保护。

（3）只有有效规范政府采购行为，才能使政府采购更加公开、公平和公正，才能更有效地防止和避免存在的大量寻租或腐败问题，从而促进廉政建设。

(二) 政府采购的法律定义

根据《政府采购法》第 2 条的规定，所谓政府采购，是指各级国家机关、事业单位和团体组织，使用财政性资金采购依法制定的集中采购目录以内的或者采购限额标准以上的货物、工程和服务的行为。

上述定义中所说的"采购"，是指以合同方式有偿取得货物、工程和服务的行为，包括购买、租赁、委托、雇用等。

从上述定义中可以看出，政府采购的标包括三大类，即货物、工程和服务。所谓货物，是指各种形态和种类的物品，包括原材料、燃料、设备、产品等；所谓工程，是指建设工程，包括建筑物和构筑物的新建、改建、扩建、装修、拆除、修缮等；所谓服务，是指除货物和工程以外的其他政府采购对象。此外，财政性资金包括预算资金、政府性基金和预算外收入。

三、政府采购法的原则

政府采购法的原则，是整个政府采购法的立法、执法等各个环节都应遵循的基本准则。政府采购法的原则，在总体上同经济法的基本原则是一致的，可以结合具体规范，将其概括为如下几个。

(一) 采购法定原则

采购法定原则，是指政府采购的各项基本要素都要严格由法规定。包括实体要素法定和程序要素法定两个方面。其中，前者主要包括采购主体法定、采购客体法定、采购资金法定等几个方面；后者主要是指采购程序法定，具体包括招投标法定等。基于上述采购法定原则的要求，我国《政府采购法》规定，在采购资金的使用方面，政府采购应当严格按照批准的预算执行；在采购范围方面，政府采购实行集中采购和分散采购相结合。属于中央预算的政府采购项目，其集中采购目录由国务院确定并公布；属于地方预算的政府采购项目，其集中采购目录由省级人民政府或者其授权的机构确定并公布。纳入集中采购目录的政府采购项目，

第六章 财政法律制度

应当实行集中采购。此外，采购人必须按照该法规定的采购方式和采购程序进行采购。

(二) 保障公益原则

政府采购不同于私人采购的重要特点，就是它具有突出的公共性、公益性、公法性。因此，政府采购同样要保障国家利益和社会公共利益，同样要有利于经济、社会的良性运行和协调发展。我国《政府采购法》中有多项规定体现了保障公益原则的要求。例如，该法规定，政府采购应当有助于实现国家的经济和社会发展政策目标，包括环境保护、扶持不发达地区和少数民族地区、促进中小型企业发展等。政府采购当事人不得相互串通损害国家利益、社会公共利益和其他当事人的合法权益。此外，对因严重自然灾害和其他不可抗力事件所实施的紧急采购，涉及国家安全和秘密的采购以及军事采购，均不适用该法。

(三) 公平交易原则

公平交易原则，是微观的、具体的采购活动所需要遵循的原则。它又包括下列几个具体原则。

1. 政府采购应当遵循公开透明原则

这是对财政支出透明度和财政资金使用效益的重要保障。因此，社会公众如何能够及时地获取与采购相关的信息，包括采购的标准和结果等方面的信息，就非常重要。

2. 政府采购应当遵循公平竞争原则

由于政府是最大的消费者，因此，政府采购领域也是厂商之间展开竞争的重要领域。如何确保厂商之间的公平竞争，如何在厂商的公平竞争中来取得价廉物美的货物、工程和服务，提高财政资金的使用效益，就显得非常重要。为此，我国《政府采购法》规定，任何单位和个人不得采用任何方式，阻挠和限制供应商自由进入本地区和本行业的政府采购市场。政府采购当事人不得以任何手段排斥其他供应商参与竞争。

3. 政府采购应当遵循独立公正原则

确保政府采购在程序或实体制度上的公正,是非常重要的。在这方面,较为重要的是建立回避制度以及采购代理机构独立于政府的制度。对此,我国的《政府采购法》都有相关规定。

4. 政府采购应当遵循诚实信用原则

政府采购既然涉及采购,当然就会牵涉到基本的买方和卖方的利益以及其他相关主体的利益,在这个过程中,同在私法领域里一样,当然也涉及相关主体的诚实信用问题,因此,也可以适用诚实信用原则。

四、政府采购法的主体

(一) 从事政府采购活动的主体

所谓从事政府采购活动的主体,又称政府采购当事人,是在政府采购活动中享有权利和承担义务的各类主体,包括采购人、供应商和采购代理机构等。上述的采购人,是指依法进行政府采购的国家机关、事业单位、团体组织。上述的采购代理机构,是根据采购人的委托办理采购事宜的非营利事业法人。上述的供应商,是指向采购人提供货物、工程或者服务的法人、其他组织或者自然人。

作为政府采购活动重要主体的供应商,应当具备下列法定条件。

(1) 具有独立承担民事责任的能力。

(2) 具有良好的商业信用和健全的财务会计制度。

(3) 具有履行合同所必需的设备和专业技术能力。

(4) 有依法交纳税收和社会保障资金的良好记录。

(5) 参与政府采购活动前 3 年内,在经营活动中没有重大违法记录。

(6) 法律、行政法规规定的其他条件。

(二) 监管政府采购活动的主体

政府采购活动必须有专门的监管,这是其与私人采购的一个重要的不同。由于政府采购活动主要涉及财政支出的问题，涉及财政资金的使用问题，涉及纳税人的钱怎么花的问题，因此，其监管主体以财政部门相对更为适宜。此外，涉及其他政府部门的，其他政府部门也应依法进行监管。为此，我国《政府采购法》第13条规定，各级人民政府财政部门是负责政府采购监督管理的部门，依法履行对政府采购活动的监督管理职责。各级人民政府其他有关部门依法履行与政府采购活动有关的监督管理职责。其中，审计机关应当对政府采购进行审计监督。监察机关应当加强对参与政府采购活动的国家机关、国家公务员和国家行政机关任命的其他人员实施监督。

五、政府采购的方式、程序与合同

(一) 政府采购的基本方式

根据《政府采购法》第26条的规定，政府采购采用以下方式：公开招标；邀请招标；竞争性谈判；单一来源采购；询价；国务院政府采购监督管理部门认定的其他采购方式。其中，公开招标作为政府采购的主要采购方式。采购人不得将应当以公开招标方式采购的货物或者服务化整为零或者以其他任何方式规避公开招标采购。

(二) 政府采购的程序

政府采购涉及的程序较多，比如从政府采购预算的编制、审批、执行，到各类政府采购方式，都有自己的一套程序，应当依据程序要素法定原则，严格按各类程序的规定办事。在我国的《政府采购法》中，对不同类型的政府采购方式所涉及的程序问题，都有一定的规定。例如，该法对于实行招标方式和邀请招标方式采购的，对于招投标过程中所涉及的一些程序问题作出了专门的规定；此外，对于采用竞争性谈判方式采购所应当依循的谈判程序，对采用询价方式采购所应当依循的询价程序，等等，都作出了较为细致的规定。

第七章 税收法律制度研究

税收的法律制度是各国经济法中的重要内容之一。税收是政府财政收入的最主要来源，对税收进行严格的宏观调控对于国家经济会产生积极的推动作用。良好的税收法律制度能促进税收上缴和管理活动的运行，而不完善的税收法律制度可能会对一国的税收活动乃至社会经济发展造成重大损失。

第一节 税法概述

研究税法首先要对税收有一定的认知和了解。税收是国家政府财政收入的主要来源，并且是促进政府实现行政职能的重要手段。而税法制度就是为了促进税收制度能够更加顺利、有效地运行。

一、税收的含义及特征

税法和税收制度密不可分，税收制度是税法规定的对象和内容。

（一）税收的含义

税法是税收制度的法律表现形式，税收制度是税法规定的对象和内容。税收是政府为了满足社会公共需要，凭借其政治权力，按照法律所规定的标准和程序，由代表国家行使征税权的机关向负有纳税义务的社会组织和个人强制、无偿地取得财政收入的一种形式，税收包括多种形式，财产税、所得税、流转税等都是税收的形式。

第七章 税收法律制度研究

(二) 税收的特征

税收是国家财政收入的主要来源，同其他收入形式相比，税收存在以下三方面的特点。

1. 强制性

强制性是指国家通过利用政治权力，使用法律、法规等手段，对税收进行一定的规定，并依法强制征税。在税收的强制性中，国家政府扮演着社会管理者的角色。

2. 无偿性

无偿性反映的是国家与纳税人之间的关系。国家征税后，纳税人所缴纳的税款的所有权不再属于纳税人而属于国家，国家在获得税款的所有权之后不需要对纳税人支付任何形式的报酬，更不需要偿还。

3. 固定性

固定性是指国家会以立法的形式对税收的形式、征税的对象以及征税标准进行规定。征税对象和征税标准确定后，征纳双方都要共同遵守，不经国家批准不能随意改变。

二、税收的分类

税收根据不同的分类标准，可以分为以下八大类。

(一) 以税赋能否转嫁划分

以税赋能否转嫁进行划分，税收可以分为直接税和间接税两种。

1. 直接税

直接税就是指税赋不能转嫁于他人，必须由纳税人直接承担税赋的税种。常见的直接税包括各类所得税和一般财产税等。

2. 间接税

间接税就是指那些可以被转嫁的税赋，真正负担税务的人并不是法定纳税人。常见的间接税主要包括各类商品税。

(二) 以计税标准划分

按照计税标准的不同，税收可以被分为从量税和从价税两种形式。

1. 从量税

从量税是指以征税对象的数量、重量、容量、面积、件数等为标准从量计征的税种。在日常生活中，常见的从量税主要包括车船使用税、资源税等等。从量税具有不受到征税对象价格变动影响的特点，通常用于价格比较稳定的特定商品。

2. 从价税

从价税是指以征税对象的价格变动为标准从价计征的税种。从价税由于直接受到价格变动的影响，因此税额会随着价格的上涨而提高，从价税在一定程度上反映了国家的经济政策。

(三) 以税收负担随收入上涨而变化情况划分

以税收负担随着收入上涨而变化的情况进行划分，就是将税收按照随收入增加而上涨还是下降为标准，在这种标准下，税收可以被分为累进税和累退税两种。

1. 累进税

累进税就是税额会随着所占纳税人收入中比重的增加而上涨的税种形式，在日常生活中，累进税主要包括个人所得税、企业所得税等等。累进税根据计税标准的不同又可以进一步被划分为超额累进税和超率累进税两种形式。

2. 累退税

累退税就是正好同累进税相反，是税额随着所占纳税人收入中比重的增加而降低的税种形式。在一般情况下，社会保险税就属于累退税。

第七章 税收法律制度研究

(四) 以征税对象划分

1. 对人税和对物税

以税收的征税对象进行划分的第一种形式是将税收分为对人税和对物税两种。凡主要针对人为征税对象的为对人税，例如过去的人头税等。凡针对物为征税对象的为对物税，例如商品税等货物税类。以税收的征税对象进行划分是西方国家对税收的最早分类方式。

2. 所得税、财产税和商品税

以征税对象对税收进行划分的第二种方法是将税收分为所得税、财产税和商品税三种形式。这种划分方式是各国普遍采用的一种税收划分方式。所得税是指针对纳税人一定期限内的纯收益而征收的税，例如个人所得税和企业所得税。财产税是针对价格较大的稳定财产例如土地、房屋、车辆、船舶等征收的税。商品税是指针对商品为对象所征收的税。

(五) 以税收的独立性划分

以税收的独立性为依据进行划分，税收可以被分为价内税和价外税两种形式。价内税是指在征税对象的价格之中包含税款的税种，在日常生活中，营业税和消费税都属于价内税。价外税是指税款独立于征税对象的价格之外的税种，增值税就是一种常见的价外税。

(六) 以税权归属划分

以税权的归属进行划分，税收有中央税和地方税两类。其中中央税是指设立、收取、支配税收的权利完全属于中央政府的税种；地方税就是指税收的设立、收取、支配属于地方政府的税种。同时，有一些税收种类的收入由中央和地方政府按照一定比例分别享有，这类税收被称为共享税。

(七) 按征税标准是否具有依附性划分

按照税收的征税标准是否具有依附性为依据，税收可以被分为独立税和附加税两种。独立税是指不需要依附于其他税种而仅依自己的征税标准独立课征的税种；而需要依附于其他税种之上课征的税则为附加税。我国的城市维护建设税、教育费附加税等都属于附加税。

三、税法的含义及构成要素

（一）税法的含义

税法是调整税收关系的法律规范的总称。税法主要包括实体税法和程序税法。实体税法是指规定国家征税和纳税人纳税的实体权利和义务的法律规范的总称，主要包括流转税、所得税、财产税、行为税等税种的相关法律。国家就实体税法发布了《中华人民共和国个人所得税法》《中华人民共和国企业所得税法》《中华人民共和国增值税暂行条例》《中华人民共和国个人所得税法实施条例》等法律、法规。程序税法是指规定税务管理、征税和纳税程序方面的法律规范的总称，其主要表现形式是《中华人民共和国税收征收管理法》。

（二）税法的特征

税法作为调整税收关系的法律规范，因其调整对象——税收关系的特殊性、复杂性而具有不同于其他部门法的特征。这些特征包括：

1. 税法的经济性

税收活动是国家政治权力直接介入"私人"经济的活动，税收征纳的过程是货币资财强制、无偿地从纳税人手中转移给国家的过程，税收活动本质上是公共经济活动，税收关系是一种特殊形式的资财转移关系。这一切，决定了规范税收活动、调整税收关系的税法，必然具有直接经济性。

2. 税法的成文性

税法是规定纳税人纳税义务的法律，税法的实施意味着纳税人财产权的无偿转移，故税法规范从一定意义上讲是一种侵权性规范。为了维护纳税人的合法权益，同时也为保障国家税收收入的实现，按照税收法定主义原则的要求，税法的各课税要素必须要由法律予以明文规定。由此决定了税法具有成文性特征。

3. 税法的强制性

由于税收是一种无偿转移，并且这种无偿转移应在众多纳税人之间进行公平课赋，如果顾及个别纳税人的意愿而不作统一规定，任由纳税人意思自治，那么国家税收的目的就难以实现。所以，税法规范多为强行性、命令性规范，从而使税法具有明显的强制性特征。基于这一特征，任何机关或个人都不得无法律依据地擅自减税、免税，也不得任意排除税法的适用。

4. 税法的政策性

税法的政策性源于税收的政策性，税收工具本质上是政策的工具。税法的制定，无论是为取得财政收入，还是为调节收入分配，还是为实现环境、资源保护，等等，本质上都必然反映和体现着特定的收入政策、分配政策、环保政策等方方面面的政策。换言之，税法是税收政策的法律化。

5. 税法的技术性

由于税法的规定，一方面要确保国家的税收收入，另一方面又要维护纳税人的合法权益，谋求与私法秩序的协调。同时，既要适度调控宏观经济，又要减少对经济运行的不良影响，还要贯彻种种特定政策目的。这些需要，决定了税法制度的设计及由此而产生的税法内容具有高度的复杂性、专业性与技术性。

（三）税法的基本原则

税法的基本原则，是指贯穿于全部税收法律规范，在税收关系的调整中具有普遍价值的，任何税收活动都必须遵循和贯彻的根本准则或标准。它是税法本质、内容和价值目标最集中的表现，是税收立法的基础、税法解释和适用的依据，是税法发挥作用的根本保证，对税收立法、执法、守法和司法活动具有普遍的意义和指导作用。

税法的基本原则主要有以下四方面的内容。

1. 税收法定原则

又称"税收法律主义"或"税收法定主义",是指课征税收必须具有法律依据,且须严格依法征税和依法纳税。税收法定原则是税法中最为重要的首要的基本原则,它是民主原则、法治原则等现代宪法原则在税法上的体现,对于保障经济个体的财产权利及自由,对于维护国家利益和社会公益具有举足轻重的作用。

税收法定原则的内容主要应包括税收要素法定原则、税收要素明确原则、合法性原则、程序保障原则四个方面的要求。

2. 税收公平原则

税收公平原则在税法领域的最简明含义就是要对所有的纳税主体"一视同仁"。为此,要求在税法制定上应使国家税收在一国负有纳税义务的主体之间公平分配,使所有的纳税主体按其实质负担税收能力,负担其应负的税收。同时,在各种税收法律关系的处理中,各纳税主体的法律地位必须平等,受到平等的对待。

为实现税收公平,首先在制定税法、选择税源、确定纳税主体的范围的时候,必须注意课税的普遍性,而不应因地域或者纳税主体的身份的不同而有所不同。其次,在制定税法、分配税收负担于纳税主体方面,应力求公平。

3. 税收效率原则

税收效率原则的一般含义是指国家制定和执行税法进行课税,应力求以最小的税收成本获得最大的税收收入,并利用税收的经济调控作用最大限度地促进经济的发展,或者最大限度地减轻课税对经济发展的妨碍。税收效率原则包括税收的行政效率原则和税收经济效率原则两个方面。

4. 税收社会政策原则

税收的社会政策原则,是指税法是国家用以推行各种社会政策,尤其是经济政策的最重要的基本手段之一,它是税收职能的发展、税收的政策性在法律上的必然反映。

(四) 税法的构成要素

税法主要由以下几方面内容构成。

第七章 税收法律制度研究

1. 征税主体和纳税主体

征税主体和纳税主体就是指征收税赋和缴纳税赋的群体。征税主体主要是指代表国家行使征税权的税务机关、地方财政局和海关等等。

纳税主体就是缴纳税赋的组织或个人，又称为纳税人。不同的税种存在不同的纳税主体，为防止税收流失，税收还实行税源扣缴，规定有扣缴义务人。

纳税义务人和负税人不是在所有情况下都是统一的，有时候，纳税义务人就是负税人，对税款直接负责；但也有些时候，纳税义务人和负税人是不一样的，如某些情况下纳税义务人是生产和销售产品的企业，而实际负税人是商品的最终消费者，这种税赋转移现象通常称为税赋转嫁。

2. 课税客体

课税客体在税法的构成要素中地位非常重要，因为它是区别不同税种的主要标志。在税法上明确规定征税对象，关系到对某种税的征税界限，关系到税源的开发和税收负担的调节问题，亦关系到税收的分类和税法的分类。因此，任何税种税法都必须对该种税的课税客体予以明确具体的规定。

课税客体按其性质的不同，分为以下几类：（1）流转额，指商品的销售额、增值额和各种服务性业务的收入额（营业额）等，对流转额征收的税为流转税；（2）收益额，指纳税人的所得额和利润额，对收益额征收的税为所得税或收益税；（3）财产，指税法规定的特定范围的财产，对财产征收的税为财产税；（4）行为，指税法规定的应予征税的特定行为，对特定行为征收的税为行为税；（5）资源，指税法规定的应予征税的特定资源，对资源征收的税为资源税。

在税收立法实践中，有些税的征税对象简单、明了，如房产税、筵席税等，没有必要另行规定税目。而绝大多数税种，征税对象范围广而复杂，需要作进一步划分。这种对征税对象进一步划分的规定，即为税目。有的税法在税目之下还要进一步划分子目、孙目。划分税目的目的，是明确征税范围，贯彻税收法定原则，同时也便于制定不同税率，体现有关税收政策。

在此，还必须弄清楚与课税客体密切相关的另一个概念，这就是计税依据。

计税依据，也称计税标准、计税基数，简称税基，是指计算应纳税额的依据。课税客体体现对什么对象征税，反映的是质的规定性，而计税依据则是从量上来限定征税对象，属于量的规定性。在多数情况下，课税客体和计税依据是一致的，但在某些情况下，课税客体必须按照一定标准计算出计税依据，才能据以计算应纳税额。

3. 税目

税目就是指在税法中规定的、征税对象的具体项目。税目可以体现出税收的征收范围。同时，还可以通过对税率进行规定和调整，形成不同的税目，体现国家的经济政策。

4. 计税依据

计税依据是指确定应缴纳税款的依据。缴纳税款的数量根据税种的不同，也会存在差异，比如说，营业税的计税依据为营业额。

计税依据可以分为计税金额和计税数量，计税金额就是采用从价计征的方式进行税收金额的确定；计税数量就是采用从量计征的方式进行税收金额的确定。

5. 税率

税率是应缴纳税款和征税对象之间的比例，是计税的标准，同时也是税收制度中非常重要的内容和环节。税率可以体现出征税的深度，能在一定程度上反映出一国在一段时间内的税收和经济政策。目前，我国的税率主要有三种形式。

（1）比例税率。

比例税率就是无论征收对象的数量，一律按照统一的比例进行征税的税率。比例税率具有计算方便、操作简单的优点。比例税率通常运用于对流转额的征税，如营业税、增值税等都按比例税率征收。

（2）累进税率。

累进税率是指根据征税对象金额数量的大小，确定不同的税率。在累进税率下，征收对象的数量越大，那么税率就会越高。个人所得税的征收就是采用了累进税率的方式。我国税法目前包括两种累进税率，一种是超额累进税率，是指根据征税对象数量的不同等级的不同税率进行税务的征收；另一种是超率累进税率，是指对纳税人的全部利润，按不同的销售利润划分若干等级，分别适用不同税率，如土地增值税。

（3）定额税率。

定额税率又称为固定税率，就是指不论征税对象的数量大小，一律按照统一定额缴纳税款的税率形式。定额税率是税率的一种特殊形式，它一般适用于从量定额征收的税种，所以又视为固定税额，如车船使用税、城镇土地使用税等。

6．纳税环节

纳税环节是指在商品流转过程中按照税法规定应当缴纳税款的环节。纳税环节决定了税收会在哪些环节产生。

7．纳税期限和纳税地点

纳税期限是指纳税人根据税法规定缴纳税款的限期，无论何种税种，都会对纳税期限进行一定的要求和规定，这是由税收的及时性的特点决定的。一般情况下，纳税期限按照年、季度、月、日进行划分，也有一些税种采用按次纳税的形式。

纳税地点是征税的地方，一般以纳税人所在地、征税对象所在地和应税行为发生地所在的税务机关为纳税地点。

8．减税、免税与加征

减税、免税体现了国家的一些经济政策，是对某些纳税人或征税对象提供的一种鼓励政策。减税是指对应缴纳税款进行数量减少的措施；免税是指对应缴纳税款采取全部免征的措施。一般情况下，减税、免税都属于定期减免性质，规定有具体的减免期限，到期就应当恢复征收。

加征是指按规定税率计算出税款后，再加征一定成数。加征一成是10%，加征十成是100%。如我国目前的个人所得税法对一次性劳务报酬奇高的，就实行加征五成和加征十成的办法。

9. 违法处理

当纳税主体、征税主体及其他税务当事人在实际的经济行为之中违反税法时，亦即违反税法的法律责任，相关的司法机构对其采取的法律制裁措施。违法处理是税法强制性的集中表现，是税收处罚法的主要内容。违反税法的行为主要包括偷税、逃避追缴欠税、抗税、骗取出口退税等。制裁措施包括三个方面：（1）经济责任，包括补缴、追缴税款，没收违法所得，停止出口退税，加收滞纳金等；（2）行政责任，包括罚款、税收强制执行措施、税收保全措施、给予行政处分等；（3）刑事责任，对情节严重，构成犯罪的违反税法的行为，由司法机关依法追究其刑事责任。

第二节　我国现行主要税种

我国现行的主要税种包括流转税、所得税、财产税和行为税四大部分。而每一部分又可以根据性质或纳税人的不同分为多种税种。本节将对我国现行的主要税种的含义、纳税主体、征税范围以及税率等信息进行详细分析。

一、流转税

流转税是指以商品的生产、流通以及劳务服务的流转额为征税对象的税收形式。流转额是指包括商品交易金额或数量以及劳务收入的金额之和。目前，我国的流转税主要可以分为增值税、消费税、营业税、关税四种主要的税种。

（一）增值税

增值税是以法定增值额（增值额形成于生产和流通环节）为征税对象的一种流转税。增值税额就是指纳税人在销售某种商品或给他人提供某种劳务的过程中获得的收入和商品或劳务的成本价格之间的差额。增值税是最重要的一种流转税。

第七章 税收法律制度研究

1．增值税的纳税主体

增值税的纳税主体主要包括在我国境内进行货物生产和流通的单位及个人。其可以分为小规模纳税人和一般纳税人。其中满足"（1）年应税销售额在规定标准以下、（2）会计核算不健全"这两个条件的为小规模纳税人。而一般纳税人是指根据增值税专用发票上明确标明的税款进行抵扣的纳税人。

2．增值税的征税范围

根据增值税的定义不难得知，增值税的征税范围包括：销售或进口的货物、提供加工、修理修配劳务。需要注明的是下列业务按照我国的法律仍然得交增值税：（1）货物期货在实物的交割环节；（2）银行销售金银环节；（3）典当业的死当销售业务和寄售业代委托人销售物品的业务；（4）集邮商品。

3．增值税的税率

增值税的税率主要有三档，其调节对象、调节目的等都存在着差异，这三档税率如下：

（1）基本税率。

基本税率是最为常见也是运用最为普遍的税率，适用于一般情况下的销售、进口货物、提供加工、修理修配劳务，税率数额为17%。

（2）低税率。

低税率税率为13%，主要是对某些特殊商品（包括① 图书、报纸、杂志；② 食用植物油、粮食、鲜奶；③ 水、气、居民用煤类制品；④ 农药、化肥、饲料等物品；⑤ 国务院规定的其它货物）的增值额进行的征税比率。

（3）零税率。

零税率顾名思义就是对于某些特殊的货物进行免税管理。这些货物主要包括输往海关管理的保护区等特殊区域的货物、法律不限制或不禁止出口的货物。

4．增值税的税收减免

我国相关法律、法规规定下列货物不需要上缴增值税：（1）农业生产者自产自销的农产品的销售；（2）古旧图书；（3）避孕药品和相关用具；（4）外国政府、国际组织无偿援助的进口物资和设备；(5)直接用于科研和教学的进口仪器、设备的贸易；(6)由残疾人组织直接进口供残疾人专用或者是自己使用过的产品的再销售等业务；(7)来料或来件加工、装配和补偿贸易所需进口的设备。

(二) 消费税

消费税是指对特定的商品和行为征收的一种税种，消费税同样属于流转税的一个分支。

1．消费税的纳税主体

消费税的纳税主体主要指在我国境内从事生产、委托加工、进口等业务的单位及个人，需要注意的是，缴纳消费税的单位和个人，他们进行生产、加工、进口活动的对象产品属于应该缴纳消费税的范畴。

2．消费税的征税范围

消费税在我国从1994年开始正式征收，开始征收的范围较现在而言较少，主要有11个项目：烟、酒及酒精、化妆品、护肤护发品、贵重首饰和珠宝玉石、鞭炮焰火、汽油、柴油、汽车轮胎、小汽车、摩托车。到了2006年3月，我国国家税务总局及财政部联合对消费税的征收下发通知，从2006年4月1日起，对原消费税征收的项目进行调整，增加包括高尔夫球及球具、高档手表、游艇、木制一次性筷子、实木地板以及成品油在内的多个消费税项目，新增原汽油、柴油税目作为成品油税目的子税目。取消"护肤护发品"税目。调整后，消费税的税目由11个增至14个。

3．消费税的税率

消费税多数为比例税率，从价计征，最高税率为45%，最低税率为3%。少数为定额税率。

(三) 营业税

营业税是对在我国境内转让无形资产和销售不动产、提供应税劳务的个人和

第七章 税收法律制度研究

组织就其营业额征收的一种流转税。

1. 营业税的纳税主体

营业税的纳税人是指在中华人民共和国境内提供《营业税暂行条例》规定的劳务，转让无形资产或者销售不动产的单位和个人，按照国家的法律缴纳营业税。

2. 营业税的征税范围

营业税的征税范围主要包括：建筑业、文化体育业、娱乐业、邮电通信业、交通运输业、服务业、金融保险业、转让无形资产和销售不动产。

3. 营业税的税率

营业税的税率实行行业差别制度，设立了3%、5%、8%三个档次的固定比例税率和一个5%～20%的幅度比例税率。实行3%营业税税率的行业主要有：交通运输业、建筑业、文化体育业、邮电通信业；实行5%营业税税率的行业主要包括：服务业、销售不动产业和转让无形资产；实行8%营业税税率的主要是金融保险行业。而除了上述行业和业务之外，由于娱乐业自身的不确定性，各地消费水平以及收费标准都有很大的差距，因此，娱乐业的营业税税率标准由各地区在5%～20%的范围内自行拟定。

（四）关税

关税主要是指对进出口海关的货物进行征收的一种流转税。关税按照货物的流转方向可以分为进口税和出口税。

1. 关税的纳税主体

关税的纳税主体有出口货物的发货方、进口货物的收货方以及进出口货物的所有人。

2. 关税的征收范围

关税的征收范围（或者说是征收对象）主要是进出口的货物及物品。

3. 关税的税率

关税的税率为确定的比例，主要分为出口税率和进口税率两大类。进口税率可以分为普通税率和优惠税率两种，其中，优惠税率一般针对产自与中国订有互惠协议的国家或地区的进口货物；而其他货物或物品一律采用普通税率。而我国为了鼓励出口，通常只对部分商品征收出口税。

二、所得税

所得税，也可以称为受益税，是指以纳税人的所有收益为征税对象的一种税种。下面我们从个人所得税和企业所得税两方面来研究所得税的纳税主体、征税范围等内容。

(一) 企业所得税

企业所得税，顾名思义，就是以企业的生产经营所得为征税对象的税收形式。

1. 企业所得税的纳税主体

企业所得税的纳税主体是在我国境内通过生产经营或其他业务获得收入的组织和企业。这些需要依法缴纳所得税的组织和企业可以分为：居民企业和非居民企业。居民企业是指依照我国的相关法律在我国境内成立或按照国外法律成立但实际管理机构位于我国境内的企业；非居民企业是指依照国外法律成立且实际管理机构不在我国境内，但在我国设立了机构和场所，或者在中国境内未设立机构和场所，但有来源于中国境内所得的企业。

2. 企业所得税的征税范围

企业所得税的征税对象包括：（1）股息、红利等权益性投资收益；（2）特许权使用收入；（3）转让财产收入；（4）利息收入；（5）销售货物收入；（6）租金收入；（7）提供劳务收入；（8）接受捐赠收入等。

3. 企业所得税的税率

企业所得税的税率为25%，是固定税率。符合条件的小型微利企业，减按20%

的税率征收企业所得税。国家需要重点扶植的高新技术企业，减按15%的税率征收企业所得税。

4. 应纳税额的计算

居民企业应缴纳所得税额等于应纳税所得额乘以适用税率，基本计算公式为：

应纳税额＝应纳税所得额×适用税率－减免税额－抵免税额

在实际过程中，应纳税所得额的计算一般有两种方法。

（1）直接计算法。

在直接计算法下，企业每一纳税年度的收入总额减除不征税收入、免税收入、各项扣除以及允许弥补的以前年度亏损后的余额为应纳税所得额。计算公式：

应纳税所得额＝收入总额－不征税收入－免税收入－各项扣除金额－弥补亏损

（2）间接计算法。

在间接计算法下，是在会计利润总额的基础上加或减按照税法规定调整的项目金额后，即为应纳税所得额。计算公式为：

应纳税所得额＝会计利润总额±纳税调整项目金额

税收调整项目金额包括两方面的内容，一是企业的财务会计处理和税收规定不一致的应予以调整的金额；二是企业按税法规定准予扣除的税收金额。

（二）个人所得税

个人所得税，就是对个人的收入征收税款的一种税收形式。个人所得税不分纳税人的国籍，适用于在我国境内的包括中国国籍和外国国籍的所有个人。

1. 个人所得税的纳税主体

个人所得税的征税主体主要包括以下几部分。

（1）居民纳税人。

① 在我国境内有住所的人，在我国境内获得收入时，都应该按照相关的法律法规缴纳个人所得税。

② 在我国境内无住所但是在我国境内居住满一年，在我国境内获得的收入也

应当缴纳个人所得税。

（2） 非居民纳税人。

非居民纳税人是指不符合居民纳税人判定条件的纳税义务人，具体包括两类：

① 在中国境内无住所，又不居住的外籍华人、华侨、港澳台同胞。

② 在中国境内无住所，而且在一个纳税年度内，在中国境内居住不满1年的外籍人员、港澳同胞。

非居民纳税人负有有限纳税义务，即仅就其来源于中国境内的所得向中国缴纳个人所得税。

2. 征税对象

（1） 工资、薪金所得，纳税主体在实际的经济活动之中获得的工资和薪金必须按照国家的法定程序上缴个人所得税，当然这种所得税就目前而言是国家收取的个人所得税的绝大部分；

（2） 个体工商户的生产、经营所得，个体工商户在进行生产经营时，需要按照相关法律履行缴纳个人所得税的义务；

（3） 对企业事业单位承包经营、承租经营所得；

（4） 劳务报酬所得，这里的劳务报酬不同于工资、薪酬，是较工资薪酬更为广泛的劳务所得报酬；

（5） 稿酬所得，稿酬是文化工作者进行文化工作时的收入，文化工作者在获得稿酬之后应该根据国家的相关法律上缴一定比例的稿酬；

（6） 特许权使用所得；

（7） 利息、股利、红利所得，人们在金融市场获得的股息、股利和红利也是需要交纳个人所得税的；

（8） 财产租赁所得；

（9） 财产转让所得；

（10） 偶然所得，偶然所得是指所得收入并不是长期、按时的，而是无意间、偶然所获得的收入，对于这部分收入，根据国家法律是需要交纳部分的所得税的。

（11） 经国务院财政部门确定征税的其它所得。

3. 个人所得税的税率

个人所得税实行超累进税率和比率税率相结合的方式。具体来说，有以下要求和规定。

（1）个人的收入包括工资、薪金所得，对于这部分收入适用超额累进税率，根据不同的收入段确定不同的税率，税率为5%~45%。

（2）个体工商户的生产、经营所得和对企事业单位的承包经营、承租经营所得，同样适用累进税率，税率范围是5%~35%。

（3）个人的稿酬收入，应该就固定比率税率20%上缴所得税，并且按照应纳税额减征30%。

（4）个人的劳务收入，应该按照固定比率税率20%上缴所得税，对一次性劳务收入奇高的，可以适当增加征收数额。

（5）利息、股息、红利所得；个人的特许权使用费所得；财产租赁、财产转让所得以及偶然所得和其他所得，应当以20%的比例税率缴纳个人所得税。

第三节　税收征收管理法

税务机关依法对纳税人进行纳税管理必须依据税收的征收管理制度——《税收征收管理法》。我国的《税收征收管理法》在2001年5月1日完成了第二次修订并生效，它标志着我国税收征管法制体系的完善，推动了我国的税收征管建设进入新的历史阶段。

一、税收征收的管理机关

税收征收管理机关目前有以下四种，各个机关的职权、管理税种等都存在着一定的差异，只有各个税收征收管理机关各行其是，并在一定情况之下相互配合，密切合作，才能防止偷税漏税等违法行为的发生，国家的税务才能形成更加稳定有序的局面。

(一) 国家税务局

国家税务局是最高的税务管理机构，主要负责对以下项目进行税务的征收，主要包括八项内容：（1）增值税；（2）铁路、保险总公司、各银行及其金融企业的营业税、所得税；（3）中央企业所得税；（4）资源税；（5）外商在我国境内投资的各项所得的税收和外籍人员在我国境内获得的收入缴纳的所得税；（6）消费税；（7）证券交易税。

(二) 地方税务局

地方税务局下属于国家税务局，但是和国家税务局管理的税务范围有着明显的差别，地方税务局主要对以下的税务项目进行管理：（1）按地方营业税附征的教育税附加；（2）资源税；（3）各类行为税；（4）城镇土地使用税；（5）城建维护税；（6）个人所得税；（7）地方企业所得税；（8）营业税。

(三) 地方财政局

目前地方财政局主要负责对农业牧业税、耕地占用税以及契税进行各税的征收和管理。

(四) 海关部门

根据上节的内容，我们不难发现海关部门主要负责关税的征收和管理。

二、税务管理

税务管理包括登记管理、账簿及凭证管理以及纳税申报管理等内容。

(一) 税务登记管理

税务登记是税务管理的首要环节，是纳税人在开业、歇业前以及生产经营期间发生变动时，就其生产经营的有关情况向所在地税务机关办理书面登记的一种制度。

第七章 税收法律制度研究

1. 开业登记

开业登记是指从事生产经营的纳税人，在领取营业执照之后的 30 天内，需要持相关证件和资料，向税务机关申报办理设立登记。税务机关自收到申请之日起，在 30 天内审核并发给税务登记证件。

2. 变更登记

纳税人税务登记内容发生变化的，在工商行政管理机关办理变更登记后的 30 天内，持有关证件向税务机关申报办理变更税务登记。

3. 停复业登记

定期定额征收方式的纳税人在营业执照核准的经营期限内需要停业或复业的，需要向税务机关提出申请，经税务机关审核通过后进行停业或复业税务登记。对于停复业登记需要注意的是，纳税人在停业期间发生纳税义务的，应当按照相应的法律法规申报应纳税款。停业期满不能立即恢复营业的，应该及时向税务机关提出申请，以免造成损失。

4. 注销登记

纳税人发生破产、解散、撤销以及其他情形时，企业经营不能继续进行下去时，需要依法终止纳税义务的，纳税人应当首先向税务机关申报办理注销登记，然后再向工商行政管理机关申请办理注销。

(二) 账簿、凭证登记管理

1. 账簿、凭证的设置

纳税人、扣缴义务人按照有关法律、行政法规和国务院财政、税务主管部门的规定设置账簿，包括总账、明细账、日记账以及其他辅助性账簿，总账、日记账应当采用订本式。

2. 财务会计制度备案

从事生产经营的纳税人应当自领取税务登记证件之日起 15 日内，将其财务、会计制度或者财务、会计处理办法报送主管税务机关备案。

3. 发票管理

税务机关是发票的主管机关，负责发票印制、领购、开具、取得、保管、缴销的管理和监督。单位、个人在购销商品、提供或者接受经营服务以及从事其他经营活动中，应当按照规定开具、使用、取得发票。

4. 税控装置管理

国家根据税收征收管理的需要，积极推广使用税控装置。纳税人应当按照规定安装、使用税控装置，不得损毁或者擅自改动税控装置。

5. 账簿、凭证的保管制度

账簿、记账凭证、报表、完税凭证、发票、出口凭证以及其他有关涉税资料应当满足以下条件：（1）合法、真实、完整；（2）一般的保存期限是10年，但是，法律、行政法规另有规定的除外。

（三）纳税申报管理

纳税申报是纳税人按照法律规定的期限和内容，向征税机关提交有关纳税事项的书面报告的一项制度，纳税申报管理的制度主要有以下几个方面的内容。

1. 申报对象

纳税人或者扣缴义务人无论本期有无应缴纳或者解缴的税款，都必须按税法规定的申报期限、申报内容，如实向主管税务机关办理纳税申报。

2. 申报内容

纳税申报的内容主要体现在纳税申报表或代扣缴税款报告表中，主要项目包括：税种，税目，应纳税项目或者应代扣代缴、代收代缴税款项目，计税依据，扣除项目及标准，适用税率或者单位税额，应退税项目及税额，应减免税项目及税额，应纳税额或者应代扣代缴、代收代缴税额，税款所属期限，延期缴纳税款，欠税，滞纳金等。

纳税人办理纳税申报时，除如实填写纳税申报表外，还要根据情况报送有关证件、资料。

3. 申报期限

纳税人、扣缴义务人要依照法律、行政法规或者税务机关依法确定的申报期限如实办理纳税申报。

4. 申报方式

申报方式一般有以下六种，纳税人和扣缴义务人可以根据需要选择申报方式：（1）直接申报（上门申报）；（2）邮寄申报；（3）电子申报；（4）银行网点申报；（5）简易申报；（6）其他方式。纳税人、扣缴义务人可以根据税法规定，委托中介机构税务代理人员代为办理纳税申报或简并征期的一种申报方式。

5. 延期申报

纳税人、扣缴义务人不能按期办理纳税申报或者报送代扣代缴、代收代缴税款报告表的，经税务机关核准，可以延期申报，但要在纳税期内按照上期实际缴纳的税额或者税务机关核定的税额预缴税款，并在核准的延期内办理税款结算。

三、税款征收

（一）征收税款的方式

依据我国《税收征收管理法》的相关规定，我国的征收税款的办法主要有以下几种。

1. 查账征收

查账征收是指纳税人根据账簿记录先自己计算应缴税款并完成纳税，再由税务机关进行核实，如果出现不符，则多退少补。查账征收模式适用于财务会计制度较健全、能够做到正确计算应纳税额和依法纳税的纳税人。

2. 查定征收

查定征收是指税务机关在调查确定了纳税人的生产经营状况之后，根据调查的结果确定纳税人应缴税款数量的方式。查定征收这种方式主要适用于经营规模较小、财务制度不健全、凭证不够完备的小型企业。

3. 查验征收

查验征收是指对于一些较难控制的纳税对象，税务机关通过查验证件和实物，确定应缴数额的一种方式。

4. 定期定额征收

定期定额征收适用的情况并不是十分普遍，是指税务机关根据纳税人的生产经营状况，确定应缴纳税款数量的固定额度和固定比例的征收税款方式。定期定额征收税款会定期与相关税种进行结合，是一种适用于经营范围小、账证不健全或无条件进行记账的个体工商户的征收税款的方式。

(二) 税收的保全措施

税收保全措施的实现是保证税收征管活动正常进行的一种强制手段，是税务机关为了保证税款能够及时、足额入库，对有逃避纳税义务的纳税人的财产予以限制的一种行政保全措施。其方式主要包括以下两方面的内容：（1）书面通知纳税人开户银行或者其他金融机构冻结纳税人的相当于应纳税款的存款；（2）扣押、查封纳税人的价值相当于应纳税款的商品、货物或者其他财产。

(三) 税收的强制执行措施

当纳税人和担保人不能按照相关规定上缴税款的情况下，纳税义务人在受到税务机关责令其上缴税款的通知后仍然没有完成税款的缴纳的，税务机关可以依据相关的法律采取强制执行措施。

(四) 税收的减免及退税

1. 税收减免

纳税人可以依法向有关部门申请减税或免税。税收的减免申请必须经过国家的行政和法律部门的审查，才能通过实行。

2. 退税

如果出现纳税人缴纳税款超过了应缴税款的数额的情况,税务机关在发现之后需及时将多缴纳的税款退还给相关的纳税人和缴扣义务人。在缴纳税款之后的三年之内,纳税人如果发现自己缴纳的税款超过了应缴数额,都可以向税务机关申请归还。

四、税务检查

税务检查是指税务机关依法对纳税人和缴扣义务人的缴税状况进行的监督、审查。在实际工作中,纳税人和缴扣义务人必须积极配合相关税务机关的税务检查工作,有关单位和机构也应该积极响应税务机关的检查活动,支持并协助税务机关完成检查任务。

(一) 税务机关的权利

在实行税务检查的过程中,税务机关主要拥有以下几方面的权利。

1. 信息初步搜集

在实行税务检查的过程中,税务机关有权对纳税人的相关税务资料进行检查,同时,税务机关工作人员可以到纳税人的生产、经验的场地进行商品、货物及其他财产的清查,要求纳税人和扣缴义务人提供与纳税相关的一系列资料和文件。纳税人和扣缴义务人在面对税务机关工作人员的询问时,要如实汇报状况。

2. 深层调查

除了对纳税人及扣缴义务人本身及其工作场所的直接调查之外,税务机关工作人员还能前往与纳税人及扣缴义务人相关的场所进行取证调查。

(二) 税务机关的义务

税务机关在进行税务检查时,要遵循以下要求和义务。

(1) 税务机关查询所获得的资料,不得用于税收以外的用途。

（2）税务检查的对象，如果涉及商业秘密，则应该慎重进行，要注意保护被调查人的秘密。

（3）税务机关的相关人员在进行税务检查的过程中，要出示税务检查的证件，未出示税务检查证和税务检查通知书的，根据我国的相关法律，被检查人有权拒绝检查。

第四节 违反税法的法律责任

一、纳税人、扣缴义务人违反税法的法律责任

（一）纳税人、扣缴义务人违反税务管理规定的法律责任

1. 纳税人的法律责任

如果纳税人违反了税务管理制度，没有按照法律规定按时办理税务登记，没有按照规定进行账簿管理，或是没有按照规定进行纳税申报的，税务机关可以责令其限期改正，在一定期限内完成未完成事项，可处以2000元以下的罚款；对于情节特别严重的，根据实际情况可以处以2000元至1万元不等的罚款。

2. 扣缴义务人的法律责任

如果扣缴义务人没有按照相关规定遵守税务管理制度，税务机关有权责令其在一定期限内加以改正，并可同时处以罚款。

（二）纳税人、扣缴义务人违反税款征收规定的法律责任

1. 偷税行为的法律责任

偷税行为主要包括纳税人违反相关规定，不缴或者少缴应纳税款等行为。对于偷税行为的处罚，税务机关有权要求纳税人在一定期限内补齐应缴纳税款的数额，并对未缴或少缴的税款部分处以50%以上5倍以下的罚款；情节严重构成犯罪的，税务机关要将其移送行政部门，追究其刑事责任。

如果扣缴义务人被发现存在偷税行为，税务机关要追缴其所欠税款和滞纳金，并处所欠税款50%至5倍不等的罚款；构成犯罪的，依法追究刑事责任。

2. 欠税行为的法律责任

纳税人、扣缴义务人欠缴应纳税款，而且采取各种措施妨碍税务机关追缴欠缴的税款的，税务机关有权责令其在一定期限内缴纳欠缴的税款和滞纳金，并可以处缴税款50%至5倍不等的罚款；情节严重构成犯罪的，依法追究刑事责任。

3. 抗税行为的法律责任

如果纳税人出现拒不缴纳税款的行为，除了税务机关要对其追缴税款和滞纳金之外，还要对纳税人依法追究刑事责任；情节轻微未构成犯罪的，由税务机关追缴其拒缴的税款、滞纳金，并处拒缴税款1倍至5倍不等的罚款。

二、税务机关及税务人员违反税法的法律责任

（一）税务机关违反税法的法律责任

在税务工作中，如果出现税务机关不遵守法律规定，擅自修改税收征收管理范围及内容的，上一级税务部门应责令其在一定时间内改正，并且对税务机关的直接负责管理人和其他直接责任人依法给予降级或撤职的处罚。

（二）税务人员违反税法的法律责任

如果在税务工作中，有税务人员徇私舞弊，利用职务上的便利满足他人或自己一己私利的也要进行相应的处罚。

（1）对于税务人员对依法应该移交给司法机关的没有移交的，情节严重的，要追究其刑事责任。

（2）税务人员如果为了满足私利，收受他人贿赂，帮助纳税人或扣缴义务人逃税、漏税的，构成犯罪的要追究其法律责任；未能构成犯罪的，也要给予行政处罚。

（3）税务人员徇私舞弊或者玩忽职守，不征或者少征应征税款，致使国家

税收遭受重大损失，构成犯罪的，依法追究刑事责任；尚不构成犯罪的，依法给予行政处分。

（4）税务人员利用其手中的权利，对纳税人或扣缴义务人进行有意刁难的，要将其调离工作岗位，并给予行政处罚。

（5）税务人员打击报复纳税人、扣缴义务人以及其他检举人的控告、检举税收违法违纪行为的，依法给予行政处分；构成犯罪的，依法追究刑事责任。

第八章 中国特色宏观调控法律制度体系

自改革开放以来,随着依法治国、依法行政的战略理念的形成,社会各界对宏观调控的法律依据越来越重视,学术界尤其是法学界讨论得相当多。但是以法理学的视角看,应当分为"理念法"和"实定法"两种思路,也即"法哲学"与"实定法学"(一般与个别)、"历史法学"与"技术法学"(历史与逻辑)两对矛盾范畴。而对宏观调控法的研究,大多是从实定法学的角度出发的,对宏观调控的法理基础缺乏全方位的讨论。

第一节 宏观调控法律制度与经济发展

(一) 宏观调控的主要内容

1. 宏观调控的目标

西方主流经济学认为宏观调控目标决定于宏观调控的手段。由于新古典经济学认可的宏观调控手段只有财政政策和货币政策,按照一种政策工具只能有效调控一个宏观经济目标的原理,以弗里德曼为代表的西方经济学家认为宏观调控最好坚持"单一目标"即"稳定物价水平"。但从主流经济学理论和各国宏观调控实践看,宏观经济政策的目标是:物价稳定、充分就业、经济增长、国际收支平衡。

(1) 物价稳定。

物价稳定主要针对各种类型的通货膨胀,以消费价格指数即 CPI 为代表性指标。例如,《德国经济稳定法》第 1 条将"物价水平的稳定"列为宏观调控的第一大目标,而《美国平衡增长法》第 11 条也将"合理的价格稳定"作为宏观调控的基本目标之一。"价格水平"的量化标准就是价格指数,价格指数取决于货币价值或者说货币的购买力:货币价值下降,则价格水平上升;货币价值保持稳定,则价格水平也保持稳定。德国及美国的法律仅原则性规定了应维持物价水平的稳定,但是如何确定价格指数以及如何维持价格水平的稳定,由于涉及许多技术性问题,因此只能交给政府裁量。

(2) 充分就业。

充分就业是指排除摩擦性失业之后的结构性失业、需求不足失业、寻找失业等,以失业率为代表性指标。《德国经济稳定法》将"高就业水平"列为宏观调控的第二大目标;反之,《美国平衡增长法》诞生的主要目的就在于实现充分就业,因此该法第 11 条将"充分就业"作为宏观调控的首要目标。

(3) 经济增长。

经济增长是指产品产量与服务数量的增加,以实际 GDP 为代表性指标。《德国经济稳定法》将"稳定与合理的经济增长"作为宏观调控的第四大目标,而《美国平衡增长法》则将"平衡增长、充分发展生产力"作为宏观调控目标之一。持续而合理的经济增长在不同时期也有不同的内容,不能只看增长率本身。

(4) 国际收支平衡。

国际收支平衡是指在特定时间段内衡量一国对所有其他交易支付,具体而言,如果外国货物、服务和资本的流入与本国货物、服务和资本的流出持平,则实现了对外经济的平衡,以国际收支平衡的会计账户为代表性指标。《德国经济稳定法》将"国际收支平衡"列为宏观调控的第三大目标,而《美国平衡增长法》则将"通过扩大出口和提高农业、商业与工业的国际竞争力改善贸易平衡"作为其宏观调控目标。

2. 宏观调控的手段

宏观调控手段按照不同的标准可以分为不同的种类,从手段的功能作用看,宏观调控手段可分为以下三种:经济手段、法律手段和行政手段。

经济手段是指国家运用经济政策和计划,通过对经济利益的调整而影响和调节社会经济活动的措施;是政府在自觉依据和运用价值规律的基础上借助于经济

第八章 中国特色宏观调控法律制度体系

杠杆的调节作用而对国民经济进行的宏观调控。经济杠杆是对社会经济活动进行宏观调控的价值形式和价值工具,主要包括价格、税收、信贷、工资、利润等。具体表现在国家政策方面主要是财政政策、货币政策和产业政策,其中财政政策和货币政策是各国公认的最主要的两大经济政策手段。

法律手段是指国家通过制定和运用经济法规来调节经济活动,以达到宏观调控目标的一种手段。通过法律手段可以有效地保护公有财产、个人财产,维护各种所有制经济、各个经济组织和社会成员个人的合法权益;调整各种经济组织之间横向和纵向的关系,保证经济运行的正常秩序。它是经济手段和行政手段的法律化。

行政手段是指依靠行政机构,采取行政命令、指示、规定等行政方式来调节和管理经济活动,以达到宏观调控目标的一种手段。行政手段具有权威性、纵向性、无偿性及速效性等特点。法律手段、经济手段的调节功能都有一定的局限性,如法律手段有相对稳定性,但不能灵活地调节经济活动;经济手段具有短期性、滞后性和调节后果的不确定性。当计划、经济手段的调节都无效时,就只能采取必要的行政手段。尤其当国民经济重大比例关系失调或社会经济某一领域出现失控苗头时,运用行政手段调节将能更迅速地扭转失控,更快地恢复正常的经济秩序。当然,行政手段是短期的、非常规的手段,不可滥用,必须在尊重客观经济规律的基础上,从实际出发加以运用。

从调控方式的直接性来看,宏观调控的手段可以分为直接调控手段和间接调控手段。其中,间接调控手段一般是指经济调节方式,它不是直接控制经济运行主体及其行为,而是通过一双"无形的手"发挥作用。这个"无形的手"就是要素市场系统。经济手段通过一系列参数如利率、贴现率、价格等直接影响到市场运行机理,通过市场运行机理的变动,调节引导企业经济行为。而直接调控手段一般就是指行政手段,它具有直接性、强制性、效果迅速等特点;法律手段也具有鲜明的直接性和强制性,除此之外还具有较强的稳定性。现代市场经济主要以间接手段为主要调控方式,间接手段主要表现为计划、税收、金融等,其作用的发挥主要通过市场中介引导市场主体,使市场主体的微观经济活动同宏观间接发展目标相衔接[1]。

我国经济改革以来，政府宏观调控手段发生了从行政单一化向经济、法律和行政多元化转变。在中国特色社会主义市场经济尚未完全成熟和定型之前，我国的经济运行中既有传统计划经济体制遗留的部分特点，也有市场经济体制和不成熟市场经济体制的特点，还有市场经济自身的弊端。因此，综合运用各种手段进行宏观调控，确保调控取得预期效果是当前的必然选择，但是随着市场经济的成熟和法制建设的推进，宏观调控将更多地运用经济和法律的手段，采用相机抉择的调控方式。

3. 宏观调控的实施机制

在宏观调控实施机制研究中，学术界主要有"一致行动原则"与"违法审查机制"两种观点[2]。

（1）一致行动原则。

当一个国家的整体经济形势过热或者过冷时，很可能局部地区的经济并非如此。因此，当中央政府采取宏观调控时，一些地方政府很可能认为不符合本地经济的情况或者不符合本地利益。这种现象不仅出现在我国，也出现在德国等成熟的市场经济国家。《德国经济稳定法》以法律的形式确立了宏观调控的一致行动原则。这是宏观调控手段法的最根本的原则，它要求联邦政府在决定采取宏观调控措施时，各部门以及各级政府都应当在法律规定的职责范围之内采取一致的宏观调控行动，禁止各当事方规避宏观调控措施甚至采取逆向行动。为此，该法第3条要求联邦政府应首先向区域组织、行业工会和企业协会提供同时采取一致行动的动向数据[3]。《美国平衡增长法》第13条以"经济活动的协调"为标题，规定美国总统应采取措施，确保联邦政府、州政府以及私人企业采取一致行动，确保反周期式的宏观调控政策的效果。

从宏观调控所涉及的当事方来看，宏观调控的一致行动原则又包括横向的一

---

[1] 李昌麒.经济法学[M].北京：法律出版社，2008，第397页.
[2] 吴越.宏观调控：宜政策化抑或制度化[J].中国法学，2008(1).
[3] 吴越.经济宪法学导论[M].北京：法律出版社，2007，第391页.

第八章　中国特色宏观调控法律制度体系

致行动与纵向的一致行动原则。横向的一致行动原则是指各级政府的各个职能部门，尤其是财政与公共投资、金融、税收、国土与资源、物价等关键职能部门之间应采取协调一致的行动，不得出于本部门利益而规避宏观调控措施或者采取逆向行动。纵向的一致行动原则是指下级政府都应采取与中央政府协调一致的行动，不得出于本地利益规避宏观调控措施甚至采取逆向行动。

（2）违法审查机制。

德国、美国等国的经验表明，对宏观调控建立违法审查机制也有助于宏观调控政策的实施。违法审查机制有两层含义：第一层含义是在经济形势判断方面的违法审查机制，第二层含义是一致行动的违法审查机制。

首先，宏观经济形势判断方面的违法审查机制是指当中央政府与地方政府对宏观经济形势的判断有分歧而双方都又有其合理性时，所建立的一个达成共识的法律机制。

其次，一致行动的违法审查机制包括以下两个方面：一方面，若中央的宏观调控措施当中含有违法性内容，也应当有一个违法审查机制确保中央政府的行政措施被约束在宪法和法律的框架之内。例如，针对近年来我国对房地产市场的宏观调控政策，有学者指出其中某些政策性措施违背现行法律法规，甚至违反现行宪法的规定。另一方面，一旦中央政府采取了合法的宏观调控措施，地方政府就应当按照一致行动原则全面地贯彻执行这些措施。若个别地方政府拒不执行中央的宏观调控政策，甚至采取逆向行动或者颁布"土政策"，则中央政府同样可以利用违法审查机制和行政措施确保措施的贯彻落实[1]。

既定的宏观调控目标和相应的调控手段需要通过宏观调控的事实机制加以实现，因此，宏观调控政策规则的选择极其重要。现代宏观经济理论认为，宏观调控政策包括相机抉择、单一规则与积极规则三种政策，其中单一规则与积极规则属于有规则政策，相机抉择则属于无规则政策。近年来，我国中央政府在宏观调控过程中反复使用相机抉择，强调了宏观调控政策是依据经济形势的变动而相应改变，但缺乏规则对政策工具的约束。所以应以积极规则作为宏观调控政策的首

---

[1] 吴越.宏观调控：宜政策化抑或制度化[J].中国法学，2008(1).

要选择，从而保持政策的连续性和稳定性。这就需要通过法律规则确保宏观调控政策的连续性和稳定性。积极规则包括两个方面的含义：一是对政策工具是有规则约束的，如预算收支平衡，货币供应增长的约束；二是要根据经济变化作出反应和调整。无论哪种政策规则，都应当在现行法律的框架内被制定和执行，而在当前缺乏宏观调控基本法律制度的情形下，由国家立法机关抓紧制定相应的法律制度，这是中央政府宏观调控法治化的前提条件。中央政府的调控权应当有法定来源，通过明确中央政府和地方政府在宏观调控中的职权范围和责任机制，增强宏观调控措施执行力，实现宏观调控政策的有效落实。

(二) 宏观调控对经济发展的作用

1. 宏观调控与国民经济运行

要探讨宏观调控与国民经济的关系，首先要理解国民经济的运行原理。有学者指出，经济运行，从纵向来看，表现为宏观经济和微观经济相互促进和制约的过程；从横向来看，则是生产、交换、分配和消费相互作用的过程。具体来说，经济运行包括资产运行、收入运行、消费运行、投资运行等[1]。

经济运行以经济增长率为基本标志，经济增长率的波动，必将导致资产、收入、消费和投资等的波动。比如，随着经济增长率的上升，增值价值和收入均将大量增长，消费和投资也会以不同的比率增加。反之，亦然。除经济增长率这一基本标志外，还有两个重要辅助标志：（1）通货膨胀率；（2）失业率。它们实际上是两个监测指标：经济运行的状况如何，整体运行和分层次运行的关系是否协调，通货膨胀率或失业率均可予以显示[2]。

经济运行处于市场支配或调节之下，同时还受政府宏观调控的影响。而与市场经济相适应的宏观调控，正是通过市场环节实现的。就经济运行层次而言，宏观调控的作用表现为调节各系列经济机制的运行。宏观调控的可行区间在客观上是依据经济机制运行限度决定的；另一方面，宏观调控又是运用经济机制，以促进经济运行的适当选择。

---

[1] 闻潜.中国经济运行与宏观调节[M].北京：中国财政经济出版社，2000，第10-11页.
[2] 闻潜.中国经济运行与宏观调节[M].北京：中国财政经济出版社，2000，第10-11页.

第八章　中国特色宏观调控法律制度体系

2. 宏观调控与经济稳定发展

对此论述的最权威、最具说服力的是马克思关于总需求与总供给的均衡和非均衡理论。概括来说就是：（1）供给和需求的脱节，是商品经济内在矛盾发展的必然结果，并随着从一般商品流通到资本，通过国际资本流通的推进而扩大；（2）在追逐利润的驱动下，以信用扩张为主要杠杆，以大生产为物质技术基础的商品经济条件下，必然会引起生产、供给的急剧扩张；（3）生产的扩张会与资本增值这一有限目的相冲突，形成供给大于需求即需求不足。所以，在社会化大生产的商品经济中，尤其在市场经济中，作为常态而存在的是总需求小于总供给。当这个矛盾发展到极其尖锐的时候，就会爆发生产过剩的危机。由此决定了国家应对宏观经济进行调控，特别要注重引发社会扩大投资需求，促使总需求和总供给的基本平衡，以缓解和避免危机的爆发，使经济平稳而快速地增长。

3. 宏观调控对经济发展的促进机制

根据《现代汉语词典》的解释："机制泛指一个系统中，各元素之间的相互作用的过程和功能。……社会科学也常使用，可以理解为机构和制度。"简而言之，机制就是制度与方法或者制度化了的方法。有学者认为，对"机制"一词的定义应该包括以下四个方面：（1）事物变化的内在原因及其规律；（2）外部因素的作用方式；（3）外部因素对事物变化的影响；（4）事物变化的表现形态。

第二节　宏观调控的法理基础

一、宏观调控的实定哲学基础

针对有的学者提出的宏观调控存在"立法缺失隐忧"的质疑，笔者认为"中国的宏观调控从法理层面来说是有依据的"。针对这一论断，笔者认为可以从两个角度来理解：一方面，严格地讲，现行的宪法以及法律法规确实对宏观调控问题做了若干规定，可以认为是"有法可依"的；另一方面，这种"有法可依"也仅仅是一个最低标准的要求,只能被称为"是有依据的"。那么,对该"依据"的探索,便构成了我国当前宏观调控的实定法学基础。

(一) 宏观调控的国内立法特征

关于宏观调控的国内外相关立法的现状的相关特征可以归纳概括如下[1]:

一是分散化。没有一部或仅有少数几部专门法律就宏观调控问题单独进行规范。这也是宏观调控法制建设亟待突破之处。

二是位阶低。在宪法以及各部门法等代表性法律中对宏观调控的规范并不多见,在各类低位的法律、法规、规章中倒是频繁出现个别规定。

三是不统一。至今没有一部法律法规就"何为宏观调控"的问题给予回答,相关的宏观调控原则、主体、客体、程序、监督、责任等重要法律关系几乎为一片空白。

此外,需要补充说明的是,由于本研究是一项长时期的动态化工作,上述实定立法现状的梳理截至2007年2月,但是伴随研究工作的推进,相关法律法规的变更、废止、实施层出不穷,由此,本研究于2010年2月再次梳理了相关法律法规,并以此作为最终结果。有充分的理由相信在宏观调控单行立法之前,本研究的实证资料虽有些许变化,却并不会影响基本分析与逻辑判断。

依据"中经网中国法律法规数据库"提供的检索结果,截至2010年2月,全国人大立法之中直接涉及"宏观调控"的法律包括《中华人民共和国宪法》《中华人民共和国农业法》《中华人民共和国公司法》《中华人民共和国劳动法》《中华人民共和国中国人民银行法》《中华人民共和国港口法》《中华人民共和国行政许可法》《中华人民共和国农业机械化促进法》《中华人民共和国固体废物污染环境防治法》《中华人民共和国水污染防治法》《中华人民共和国防震减灾法》11部[2],而国务院行政法规中与"宏观调控"直接相关的却多达219部。此外,最高法、最

---

[1] 刘瑞.中国特色的宏观调控体系研究[M].北京:中国人民大学出版社,2016,第91页。
[2] 在检索中,笔者发现了于2000年3月1日第九届全国人民代表大会常务委员会第十四次会议通过的《全国人大常委会关于加强经济工作监督的决定》被列为"经济行政管理法",该文献的全部11条规定对国民经济管理与宏观调控中立法机关的监督职责进行了详细规范,值得在未来研究中高度关注。

第八章 中国特色宏观调控法律制度体系

高检各有一篇相关的司法解释。因此，上述对国内立法现状的梳理与特征判断依旧成立。

(二) 宏观调控的国内立法现状

中国现行法律法规中并不存在宏观调控法或者某些学者所谓的宏观调控法律体系，故我们只能将散布在各部法律中的有关宏观调控的相关内容加以梳理[1]。

1. 宪法类立法现状

(1)《中华人民共和国宪法》相关法条列举。

第十五条　国家实行社会主义市场经济。国家加强经济立法，完善宏观调控。国家依法禁止任何组织或者个人扰乱社会经济秩序。

第六十二条　全国人民代表大会行使下列职权……（九）审查和批准国民经济和社会发展计划和计划执行情况的报告；（十）审查和批准国家的预算和预算执行情况的报告……

第六十七条　全国人民代表大会常务委员会行使下列职权……（五）在全国人民代表大会闭会期间，审查和批准国民经济和社会发展计划、国家预算在执行过程中所必须作的部分调整方案……

第八十九条　国务院行使下列职权……（五）编制和执行国民经济和社会发展计划和国家预算；（六）领导和管理经济工作和城乡建设……

(2) 相关法条分析。

第十五条从根本上保证了宏观调控的合法性、权威性和必要性。第八十九条对国务院的职权做出了规定，实际上确认了宏观调控中中央政府的终极主体地位和职权范围，从根本上保证了国务院在宏观调控中有法可依。此外，宪法第六十二条第九、十款，第六十七条第五款，分别对全国人民代表大会、全国人民代表大会常务委员会对国民经济和社会发展计划以及国家预算享有决策、审批的权力做出了规定。这些规定都是关于国家享有宏观调控权的原则规定，但同时也因受限于宪法的原则性特点而难免过于抽象笼统，故宏观调控权还有待于下位法的具

---

[1] 国务院法制办公室.新编中华人民共和国常用法律法规全书[M].北京：中国法制出版社，2006.

体规范和调整。

2. 行政法类立法现状

（1）《中华人民共和国行政许可法》

① 相关法条列举。

第七条　公民、法人或者其他组织对行政机关实施行政许可，享有陈述权、申辩权；有权依法申请行政复议或者提起行政诉讼；其合法权益因行政机关违法实施行政许可受到损害的，有权依法要求赔偿。

第八条　公民、法人或者其他组织依法取得的行政许可受法律保护，行政机关不得擅自改变已经生效的行政许可。行政许可所依据的法律、法规、规章的修改或者废止，或者准予行政许可所依据的客观情况发生重大变化的，为了公共利益的需要，行政机关可以依法变更或者撤回已经生效的行政许可。由此给公民、法人或者其他组织造成财产损失的，行政机关应当依法给予补偿。

第十二条　下列事项可以设定行政许可：（一）直接涉及国家安全、公共安全、经济宏观调控、生态环境保护以及直接关系人身健康、生命财产安全等特定活动，需要按照法定条件予以批准的事项……

第十四条　本法第十二条所列事项，法律可以设定行政许可。尚未制定法律的，行政法规可以设定行政许可。必要时，国务院可以采用发布决定的方式设定行政许可。实施后，除临时性行政许可事项外，国务院应当及时提请全国人民代表大会及其常务委员会制定法律，或者自行制定行政法规。

第五十七条　有数量限制的行政许可，两个或者两个以上申请人的申请均符合法定条件、标准的，行政机关应当根据受理行政许可申请的先后顺序作出准予行政许可的决定。但是，法律、行政法规另有规定的，依照其规定。

第六十九条　有下列情形之一的，作出行政许可决定的行政机关或者其上级行政机关，根据利害关系人的请求或者依据职权，可以撤销行政许可……

② 相关法条分析。

行政许可是国家管理经济和社会事务的重要的事前控制手段，《行政许可法》是一部规范政府行政行为的重要法规，其中许多条文通过必要的解释，对政府依

第八章　中国特色宏观调控法律制度体系

法实施宏观调控有一定的法律效力，基本上均可以适用于宏观调控行为。例如，第七条明确了微观主体对行政机关在宏观调控中设立的行政许可所享有的陈述权、申辩权、申请行政复议或者提起行政诉讼的权利、赔偿权等。第八条首先从法律制度上规定了政府变更行政行为的可能性与变更条件；其次又规定了政府在变更某些行政行为时，如果由于公共利益而进行的宏观调控给微观个体带来损失，则国家应该承担该损失的经济补偿。第十二条第一款明确规定了宏观调控中设定行政许可的依据。第十四条为宏观调控的相机性提供了保障条件。第五十七条表明行政机关有权根据许可申请的先后对有数量限制的许可给予批准，为宏观调控中限制投资政策提供了依据。第六十九条表明了上级行政机关可以对下级违规行为撤销其行政许可。

（2）《中华人民共和国行政处罚法》

① 相关法条列举。

第十二条　国务院部、委员会制定的规章可以在法律、行政法规规定的给予行政处罚的行为、种类和幅度的范围内作出具体规定。

第十五条　行政处罚由具有行政处罚权的行政机关在法定职权范围内实施。

② 相关法条分析。

以上两条在原则上规定了宏观调控中行使行政处罚权的主体。实际上，只有在依据经济法规认定企业违法的基础上，才能依据行政责任规范追究其行政责任。这就进一步涉及部门法之间的配合问题。

（3）《中华人民共和国行政诉讼法》

① 相关法条列举。

第十一条　人民法院受理公民、法人和其他组织对下列具体行政行为不服提起的诉讼……（三）认为行政机关侵犯法律规定的经营自主权的……

② 相关法条分析。

第十一条为微观经济主体在宏观调控中的自我保护提供了依据，即政府在宏观调控中的具体行政行为侵犯了企业的经营自主权时，其有权利依法提起行政诉讼。

(4)《中华人民共和国行政复议法》

① 相关法条列举。

第六条 有下列情形之一的，公民、法人或者其他组织可以依照本法申请行政复议……（五）认为行政机关侵犯合法的经营自主权的……

② 相关法条分析。

与行政诉讼类似，行政复议也是保障微观主体的合法权益的重要手段，两者的区别在于程序上的先后次序，也即可以选择先复议、再救济，也可以选择单复议、单救济，但是不可以选择先救济、后复议。行政复议也在一定程度上约束了宏观调控权的无限扩张，是对微观个体实际损失的一种事后救济。

3. 宏观政策类立法现状

(1)《中华人民共和国中国人民银行法》

① 相关法条列举。

第一条 为了确立中国人民银行的地位，明确其职责，保证国家货币政策的正确制定和执行，建立和完善中央银行宏观调控体系，维护金融稳定，制定本法。

第二条 中国人民银行是中华人民共和国的中央银行。中国人民银行在国务院领导下，制定和执行货币政策，防范和化解金融风险，维护金融稳定。

第三条 货币政策目标是保持货币币值的稳定，并以此促进经济增长。

② 相关法条分析。

作为宏观调控重要手段的金融手段主要是制定货币政策，包括上述原则性的三条在内的《中华人民共和国中国人民银行法》奠定了中国人民银行在国家宏观调控中的地位和作用，确认了中国人民银行制定和执行货币政策的职能，也规定了金融宏观调控权的具体运用。

(2)《中华人民共和国外商投资企业和外国企业所得税法》

① 相关法条列举。

第六条 国家按照产业政策，引导外商投资方向，鼓励举办采用先进技术、设备，产品全部或者大部分出口的外商投资企业。

第八章　中国特色宏观调控法律制度体系

第八条　本法施行后，需要变更前三款的免征、减征企业所得税的规定的，由国务院报全国人民代表大会常务委员会决定。

第九条　对鼓励外商投资的行业、项目，省、自治区、直辖市人民政府可以根据实际情况决定免征、减征的地方所得税。

② 相关法条分析。

财税手段是宏观调控的又一重要手段，目前有关财税手段的规定散见于各部门法与规章条例中。据统计，从1979年以来，仅中央一级发布的财政法律法规和规章就多达2 000余项，占经济法规的比例较高，也使得我国依法理财、依法调控有了比较充分的法理基础。但是财税法普遍存在的问题就是立法层次低、透明度不高，因而降低了调控的有效性。例如我国现行税收立法中，除去《个人所得税法》《外商投资企业和外国企业所得税法》和《税收征收管理法》三部法律外，基本都是授权国务院以暂行条例形式发布的行政法规，以及国务院有关职能部门发布的规章、命令、指示，各地方制定的税收文件。现存的税法体系有违税收法定主义原则，弱化了法律的权威性、规范性、强制性和稳定性，实践中必然导致行政权的滥用，阻碍了宏观调控的顺利实施。

(3)《中华人民共和国土地管理法》

① 相关法条列举。

第十七条　土地利用总体规划的规划期限由国务院规定。

第十八条　下级土地利用总体规划应当依据上一级土地利用总体规划编制。

② 相关法条分析。

土地政策是近年来发展起来的与规划、金融、财政并列的又一项宏观调控政策，其出台的直接目的就是防止地方政府滥用土地利用权限。其实从上述条款中可以看出，土地的终极所有权属于国家决定了中央政府享有的土地政策调控权，相对于地方政府的有限权限而言，在法理上是不存在任何疑问的。

4. 其他类别立法现状

(1)《中华人民共和国城市房地产管理法》

① 相关法条列举。

第十条　县级以上地方人民政府出让土地使用权用于房地产开发的,须根据省级以上人民政府下达的控制指标拟订年度出让土地使用权总面积方案,按照国务院规定,报国务院或者省级人民政府批准。

② 相关法条分析。

与土地规划类似,房地产的管理也是宏观调控的重要方面,也应该在法律约束下、在中央政府统一调控下良性运行。

(2)《中华人民共和国立法法》

① 相关法条列举。

第八条　下列事项只能制定法律……(六)对非国有财产的征收;(七)民事基本制度;(八)基本经济制度以及财政、税收、海关、金融和外贸的基本制度……

② 相关法条分析。

法律手段是宏观调控的重要手段,第八条实际上明确了国家可以行使其立法权达到宏观(经济)调控目的。

(3)《中华人民共和国劳动法》

① 相关法条列举。

第十条　国家通过促进经济和社会发展,创造就业条件,增加就业机会。

② 相关法条分析。

第十条实际上表明了宏观调控中的国家责任之一:充分就业。如何在短期经济调控与长期经济发展中寻求平衡仍然是我们面临的重要课题。

(4)《中华人民共和国国家赔偿法》

① 相关法条列举。

第二条　国家机关和国家机关工作人员违法行使职权侵犯公民、法人和其他组织的合法权益造成损害的,受害人有依照本法取得国家赔偿的权利。

第四条　行政机关及其工作人员在行使行政职权时有下列侵犯财产权情形之一的,受害人有取得赔偿的权利:(一)违法实施罚款、吊销许可证和执照、责令停产停业、没收财物等行政处罚的;(二)违法对财产采取查封、扣押、冻结等行政强制措施的;(三)违反国家规定征收财物、摊派费用的;(四)造成财产损害

第八章　中国特色宏观调控法律制度体系

的其他违法行为。

第六条　受害的公民、法人或者其他组织有权要求赔偿。

② 相关法条分析。

以上条文可以具体运用于宏观调控情景，为宏观调控所导致的社会福利损失提供了补偿机制，使得国家赔偿有法可依、能够在法律的框架下真正启动，不足之处是仍然局限于原则性规定。

（5）《中华人民共和国反分裂国家法》

① 相关法条列举。

第六条　国家采取下列措施，维护台湾海峡地区和平稳定，发展两岸关系……（二）鼓励和推动两岸经济交流与合作，直接通邮通航通商，密切两岸经济关系，互利互惠。

② 相关法条分析。

在实践上，我国中央政府的宏观调控显然不能直接触及台湾地区；然而仅就学理而言，中央政府又当然地拥有对全国范围内的普遍经济调控权。故第六条第二款的规定既明确了中央政府对台湾地区可能的经济调控的法理依据，又为和平解决台湾问题的经济战略提供了学理支持。

（三）国际法类

我国在国际经济交往中订立的相关法律法规，在一定程度上也可以视为宏观调控的法理基础，这是由经济全球化的大趋势所决定和制约的。目前来看，最主要的仍然是加入WTO后所签署的一系列法律文件。WTO规则是为了限制政府对国际经济（主要是国际贸易）的不合乎市场规律的干预导致的各种非市场缺陷，以规范政府行为的规则为其核心内容，主要是用于规范行政管理者。具体从《建立世界贸易组织协议》的规定看，"提高生活水平，保证充分就业和大幅度稳定提高实际收入和有效需求，扩大货物与服务的生产和贸易，为持续发展之目的扩大对世界资源的充分利用，保护和维护环境，并以符合不同经济发展水平下各自需要的方式，加强采取各种相应措施"是世贸组织的宗旨；"建立一个完整的、更有活力的和持久的多边贸易体系,以包括关税与贸易总协定、以往贸易自由化努力的成果和乌拉圭多边贸易谈判的所有成果"是世贸组织的目标。由此可见,国际化视角下的宏观调控将具有更加丰富的内涵和外延。

二、宏观调控的法哲学基础

(一) 宏观调控依据的矛盾分析

众所周知,马克思是从哲学、法律和历史的研究转向政治经济学的研究的,他在从哲学批判转向经济学思考的过程中,曾经得出了一个极其重要的结论:"我的研究得出这样一个结果:法的关系正像国家的形式一样,既不能从它们本身来理解,也不能从所谓人类精神的一般发展来理解,相反,它们根源于物质的生活关系,这种物质的生活关系的总和,黑格尔按照十八世纪的英国人和法国人的先例,称之为'市民社会',而对市民社会的解剖应该到政治经济学中去寻求。"摒弃黑格尔法哲学的唯心基点,仅就辩证属性而言,马克思对其具有严格的继承性,由此也保证了本研究内部逻辑的一致性。不同于倡导思辨的纯粹哲学或法哲学,我们继承了上述马克思的结论:对宏观调控的法哲学基础的讨论始于生产,终于实践,经济分析贯穿其中;其学理价值最终指向宏观调控的依据。

如果将宏观调控视为"公权介入"的行政过程,而暂时不考虑资源配置的基础问题,那么传统计划经济理论所阐明的国家计划管理存在的理由,便可以视为宏观调控依据问题的学理渊源。但是随着我国经济转型的基本完成,社会物质利益关系的诸层次矛盾发生了深刻变化,显然有必要在矛盾分析的基础上对该学理渊源进行现代语境的重新解释。

首先,社会化大生产与私有财产权之间的矛盾构成了宏观调控的物质前提,同时也是宏观调控存在的根本性必要条件。从严格意义上讲,社会化大生产同生产资料私人占有之间的矛盾属于马克思所论述的资本主义经济危机爆发的根本原因。在社会主义市场经济条件下,一方面,中国的社会化大生产范围更大、程度

第八章 中国特色宏观调控法律制度体系

更高、结构性特点也更加突出,并且在经济全球化的影响下扩展到全世界[1];另一方面,市场经济对私权主体的召唤也为宪法所承认[2],私有财产权在现阶段也普遍得以确立,而依照马克思的逻辑,虽然社会主义制度为克服经济危机提供了条件,但是该矛盾的存在也为经济波动创造了基础性条件。换个角度来说,社会化大生产与私有财产权之间贯穿着"不平衡与平衡""无序与有序""质变与量变"的矛盾运动过程,这一过程又是社会主义市场经济健康发展的内在动因,而维持其外在稳定的责任自然应落在宏观调控上。

其次,市场失灵与政府失灵之间的矛盾构成了宏观调控的社会前提,同时也是宏观调控存在的直接必要条件。传统的市场失灵理论在承认市场竞争可以在某些条件下达到帕累托最优的同时,认为市场机制不能解决外部性、垄断、收入分配和公共品提供等问题。"格林沃德-斯蒂格利茨定理"则以较复杂的数学模型证明了,当市场不完备、信息不完全、竞争不充分时,市场机制不会自动达到帕累托最优。根据公共选择学派的主张:"政府失灵"指个人对公共物品的需求在现代代议制民主政治中得不到很好的满足,公共部门在提供公共物品时趋向于浪费和滥用资源,致使公共支出规模过大或者效率降低,预算上出现偏差,政府的活动并不总像应该的那样或像理论上能够做到的那样有效。其主要表现为公共决策失误、政府工作机构的低效率、政府的扩张以及政府的寻租活动等。西方的市场失灵与政府失灵理论并不能想当然地适用于我国的具体情况,但其揭示的市场经济运行的普遍规律却值得我们借鉴。具体而言,市场失灵可能构成经济波动的直接诱因,而政府在宏观调控中表现出的政府失灵又有可能进一步加剧经济波动的幅度,这对在现代社会普遍存在的矛盾往往成为经济波动有可能转化为现实的直接条件。

再次,中国共产党的执政地位与地方政府的逆向选择之间的矛盾构成了宏观调控的政治前提,同时也是宏观调控存在的根本性充分条件。中国共产党的执政

---

[1] 刘瑞.宏观调控的定位、依据、主客体关系及法理基础[J].经济理论与经济管理,2006(5).
[2] 《中华人民共和国宪法》第十三条:"公民的合法的私有财产不受侵犯。国家依照法律规定保护公民的私有财产权和继承权。"

地位不仅是宪法所确立的,而且也是历史所奠定的,是社会主义条件下无产阶级专政的必然要求,这种政体在计划经济时代与市场经济时代都无变化。中国共产党的领导地位决定了中央政府宏观调控的权威与能力,这在理论和实践上都被认为是我国宏观调控得以贯彻执行的根本保障,"是中国的政治优势"[1]。然而,综观历次宏观调控,虽然有中央政府的统一领导,但是落实到各个地区却又往往大打折扣,究其原因,主要在于地方政府在不良政绩观的诱导下,伴随着法制缺失和监督缺位,同中央政府展开了层层博弈[2]。由此可见,理顺中央同地方的关系、确保"中央能够说话算数"才是真正落实国家宏观调控意志的关键因素。

最后,国有企业的主导地位与非公有制经济之间的矛盾构成了宏观调控的经济前提,同时也是宏观调控存在的直接充分条件。一方面,随着公有经济及其实现形式的历史性战略调整,国有企业无论在绝对数量方面还是在涉足行业方面,都相比改革开放初期有了大幅度缩减;但另一方面,国有企业在国民经济关键领域的分布、国有资产的总量规模、国有经济的实际控制力与影响力仍然不容忽视。由此,国有企业责无旁贷地成了宏观调控的主导力量之一,通过国有企业进行宏观调控也成了中国国民经济管理的特色手段之一。与此同时,改革开放以来形成的各种类型的非公有制经济则取得了双重身份:既是市场经济中与国有企业并存的市场主体,又是宏观调控中与国有企业对立的微观客体。这样一来,国有企业与非公有制经济之间利益的平衡与协调就成了宏观调控在操作层面必须直面的技术性难题。

(二) 宏观调控的法哲学基础

2006年10月11日,中共十六届六中全会通过了《中共中央关于构建社会主义和谐社会若干重大问题的决定》,这一社会转型期的纲领性文献对"和谐社会"相关的理论与实践问题进行了深入而全面的论述,"和谐"也被正式确立为中国共产党执政兴国的全新指导思想。从学理而非政治的角度来看,任何社会都不可能

---

[1] 陈锦华.国事忆述[M].北京:中共党史出版社,2005,第265页.
[2] 武少俊.2003-2004年宏观调控:地方与中央的博弈[J].金融研究,2004(9).

第八章 中国特色宏观调控法律制度体系

没有矛盾,人类社会总是在矛盾运动中发展进步的,因此对"和谐"只能从其对立面"矛盾"加以理解。正是在这个意义上,作为新法哲学范畴的"和谐",可以被描述为"具有共享性、亲和性、为他性的矛盾双方,在主动调节的过程中达到的相互合作、相互补充、相互融合的境界,是此种同一性境界的绝对性状态"[1]。再将描述中的"境界或状态"放置于辩证法的历史发展中,我们可以发现,实际上存在两种法哲学基础:斗争哲学与和谐哲学。在实践中,斗争哲学显然指在社会经济发生剧变乃至革命时的颠覆性哲学,它以对矛盾统一体的斗争与破坏为己任;而和谐哲学则是指在社会经济平稳发展或轻微波动时的中庸性哲学,它以对矛盾统一体的维护和改良为己任[2]。而马克思主义哲学又告诉我们,事物的发展是从量变到质变,又在新质的基础上继续量变的螺旋式上升过程。根据这种否定之否定的规律来理解斗争哲学与和谐哲学,我们就会发现,两者不过体现了唯物辩证法在不同社会经济发展时段上的运用的差异:前者是质变的哲学,后者是量变的哲学。在过去,革命斗争使得我们较多地研究质变哲学、斗争哲学的问题,而今天,构建社会主义和谐社会是我们面临的历史使命,所以我们更有必要研究量变哲学、和谐哲学。既然上层建筑由经济基础所决定,那么社会和谐也就必然由经济和谐所决定。将和谐哲学引入国民经济管理领域,也就是要求我们在经济发展过程中,要科学分析经济和谐的矛盾和问题及其产生的原因,更加积极主动地正视经济矛盾、化解经济矛盾,最大限度地增加经济和谐因素,最大限度地减少经济不和谐因素,不断促进经济和谐,最终实现社会和谐。依照该逻辑,自然推演到宏观调控的法哲学基础,恰好可以而且也必然要求和谐哲学来承担这一角色:一方面,我们界定的宏观调控不同于经济危机(质变)导致的政府干预、反周期政策或者经济调整等"革命性"手段,而仅仅局限于由经济运行"过热"或"过冷"导致的调节与控制等"非革命性"手段,显然与和谐哲学的运用领域(量变)高度一致;另一方面,前文将宏观调控的依据概括为四对矛盾,这四对非对抗性矛盾又正是宏观调控存在的基本条件,而和谐哲学存在的意义也在于对该类非对

---

[1] 陆剑杰.矛盾辩证法的新生面——由"构建和谐社会"引起的思索[J].学术研究,2006(9).
[2] 冯友兰.中国现代哲学史[M].广州:广东人民出版社,1999,第251-252页.

抗性矛盾的调和与化解，故宏观调控的依据也恰好符合和谐哲学存在的依据。

三、宏观调控的历史法学基础

关于宏观调控立法的必要性，学界多有阐述，但归结起来，无非是法学界的限制政府行为论和经济学界的成本收益分析论两大类。我们则试图从计划经济时代宏观管理的个案剖析入手，遵循历史与逻辑的统一，为今日中国宏观调控立法提供学理依据。理由在于：一方面，如前文所述，市场经济条件下中国政府实施宏观调控的基本依据，与计划经济条件下国家计划管理的基本依据相比，并没有本质变化；另一方面，作为极具中国特色的、例外型的国民经济管理行动，宏观调控根植于新中国成立以来的经济发展实践。所以，宏观调控立法的必要性能且只能从具体的历史的而非抽象的形而上的角度加以论证。

从学理上讲，由于宏观调控属于市场经济条件下的政府管理行为，所以计划经济条件下自然不会存在严格意义上的宏观调控。但是，国家计划管理的基本依据，以及管理实践中例外行动的客观存在，使得该行为与宏观调控具有唯物史观意义上的可对比性。

从实践上看，自新中国成立伊始到 1956 年"三大改造"结束，中国开始正式建立起了高度集中的计划经济体制，这一体制历经 1978 年改革开放，直到 1992 年邓小平南方讲话方才宣告作古。由此，可以从时间维度上直观判断出，在共和国经济史上，计划经济体制居于无可争议的主体地位。

(一)《农业六十条》

1961 年是中国共产党执政历史上赫赫有名的调查研究之年，为了应对"大跃进"与"人民公社化运动"导致的"左倾"错误以及由此带来的三年自然灾害等严重的经济困难，毛泽东同志做出了明确检讨——"最近几年吃情况不明的亏很大，付出的代价很大"，并且带领全党开展了为期 21 个月的全国性的调查研究。在广泛而深入的调查研究的基础上，中共中央先后制定了《农村人民公社工作条

第八章　中国特色宏观调控法律制度体系

例（草案）》及其修正草案（以下简称《农业六十条》），初步扭转了农业生产连年下降的被动局面，是计划经济时代农村局面得以改观的重要转折点。

总体来看，《农业六十条》还是一部带有较强的计划经济色彩的工作条例，主要针对的还是农村人民公社的内部管理问题。众所周知，人民公社体制最大的特点是"一大二公"，由此导致了以"一平二调"为特征的"共产风"盛行，导致广大农村出现了"公共食堂"、社员副业以及普遍的浪费和低效问题，《农业六十条》正是针对这些具体的现实问题而进行的调查研究和制度改善。

与《工业七十条》相比，《农业六十条》不仅有着与其相似的计划特征，而且也有着自己的独特之处。

第一，计划与民主并重。《农业六十条》本质上仍然是一部计划工作条例，这从其开宗明义地阐明"人民公社的各级组织，都必须执行国家的政策和法令，在国家计划指导下，因地制宜地、合理地管理和组织生产"即可看出。但是，与传统的"计划即集权"的看法不同的是，《农业六十条》又高度强调基层民主问题，例如"人民公社各级社员代表大会的代表和各级管理委员会、监察委员会的成员，都必须经过社员充分的酝酿，采取不记名投票的方式选举产生"，"全公社范围内的重大事情，都应该由社员代表大会决定，不能由管理委员会少数人决定"，"公社的社长和其他管理委员、监察委员，如果不称职，都可以由社员代表大会随时罢免"、"生产队长、会计和其他管理委员、监察委员或者监察员如果不称职，社员大会可以随时罢免"，"生产队管理委员会，应该随时听取社员的各种不同意见，既要按照大多数人的意见办事，又要保障少数人的民主权利和经济利益"。

第二，职权与监管并重。在人民公社内部管理问题上，《农业六十条》既注重职权本身的有效性，又强调对权力的监督制约机制，例如"人民公社各级监察组织的工作，中央监察机关可以直接过问"，"对于性质严重的问题，人民公社各级监察组织应该向上级检察机关和司法机关，一直到党中央监察委员会、最高人民检察院和最高人民法院，提出控告和检举"，"人民公社各级监察组织，在工作中遇到阻碍和抗拒的时候，有权报请上级处理，一直报请中央监察机关处理"，"人民公社各级管理委员会的干部，担任会计、出纳、保管的人员和社、队的企业和事业的管理人员,都不能当监察委员和监察员"等,这些条款赋予了诞生于基层民主的监察机构、监察员充分的监督检查权。

第三,注重权利保障。与《工业七十条》类似,《农业六十条》也突出了计划时代具有特色的人本思想,例如"在规定女社员的基本劳动日数的时候,要照顾到她们的生理特点和从事家务劳动的实际需要","对于女社员的生理特点,对于参加劳动的少年的身体发育,要加以照顾。女社员在产假期间,生活有困难的,应该酌量给予补贴"等。

第四,注重环境保护。《农业六十条》在生态与环境保护方面也有着前瞻性的严格规定,例如"任何单位或者个人,每砍伐一棵树木,至少必须补栽三棵,并且保证成活","要爱惜耕地,基本建设必须尽可能地不占用或者少占用耕地","开荒绝对不许破坏水土保持,破坏山林,破坏草原……"等往往被理解为在"可持续发展"理念出现之前的提法。

第五,强调实事求是。《农业六十条》在纠正"左倾"冒进主义错误的同时,重提"调查研究"与"实事求是"的工作作风,例如"……应该经过充分的调查研究,执行群众路线,正确处理问题,把应该做的事情认真做好,但不能管得太多太死",以及重提"三大纪律、八项注意"等。"实事求是"的原则还体现在对社员的合法权益的承认上,例如"任何单位、任何人,都不准强迫社员搬家。不得社员本人同意,不付给合理的租金或代价,任何机关、团体和单位,都不能占用社员的房屋。如果因为建设或者其他的需要,必须征用社员的房屋,应该严格执行国务院有关征用民房的规定,给予补偿,并且对迁移户作妥善的安置"。

第六,强调统筹兼顾。《农业六十条》秉承新中国成立以来经济管理领域"综合平衡"的优良传统,高度强调对各个方面利益的统筹协调,例如"少数民族地区,畜牧区,渔业区,林业区,可以根据本条例的基本规定,结合本地区的具体情况,另定具体办法","生产队……对于粮食作物和经济作物,对于粮食作物的品种,统筹兼顾,全面安排,制订本队的生产计划","为着鼓励农业生产的发展,照顾工业发展的需要,并且使城市人口和农业人口经常保持合理的比例,国家征收农业税和统购粮食的数量,应该在适当的水平上,在一定时期内稳定下来"等。

第八章　中国特色宏观调控法律制度体系

《农业六十条》的历史意义是深远的，至今仍然有着积极的影响。

首先，农村基层民主的历史传统可以追溯至解放区时代，《农业六十条》又将这一民主事实法律化、成文化。一方面，这提示我们注重宏观调控的微观基础问题，在强调宏观调控决策科学化、法制化的同时，亦应注意决策的民主化问题；另一方面，从改革开放以来的实践来看，"三农"政策年年出台，但尚未有直接针对"三农"问题的宏观调控体系，因此在决策部门直接反映农民意愿的制度安排不可或缺。

其次，《农业六十条》出台的最为重要的背景就在于"调查研究"，正是以毛泽东同志为代表的中国共产党人实事求是的工作作风，催生了计划经济时代的经济管理纲领。然而，当下学界对于"宏观调控法"的研究依旧处于闭门造车的状态，盲目地争论概念与逻辑是无法摆脱宏观调控立法的真正困境的，只有大兴调查研究之风，深入政府、企业、农村开展广泛调研，才是解决理论困惑的根本之道。

再次，《农业六十条》中关于农村集体土地的法律权属的规定，至今仍有法理影响。

最后，《农业六十条》对于宏观调控法制化的启示还在于深入贯彻落实科学发展观，五十多年前中国共产党人即有着深刻认识的生态环境与耕地保护问题，以及以人为本的朴素思想，理应被庄重地写入宏观调控法律制度之中。此外，关于工农业协调发展、各方利益统筹兼顾的探索亦应得到积极肯定。

(二)《工业七十条》

在三十余年的计划经济体制下，国民经济也发生过若干次类似改革开放后的大起大落现象，其中最具典型意义的莫过于 1959-1961 年连续三年的经济困境，而自 1961 年开始的国民经济调整，直接体现了中国共产党人处理经济事务的鲜明个性，某些特征甚至保留至今，其中值得我们总结的经验教训颇多，尤其以 1961 年 9 月 16 日中共中央颁发的《国营工业企业工作条例（草案）》（以下简称《工业七十条》）最具特色[1]。

---

[1] 余信红.从毛泽东与《工业七十条》的关系看其企业管理思想[J].探求，2002(1).

由国家经委制定和贯彻执行《工业七十条》，其贯彻执行过程中采取的办法是：面上普遍传达，能改的马上改；点上分批试行，一个企业一个企业地进行整顿。到 1962 年第一季度检查时，第一批试点的 3000 家工业企业都在不同程度上理顺了企业内部的关系，企业管理都有所加强和改善，生产也逐步好转。由于工业调整与企业整顿同时进行，到 1965 年，"大跃进"中受到破坏的国营工业企业大部分都恢复了元气，各项工作都有很大进步。

《工业七十条》在 1961 年的国民经济调整中发挥了重要作用，得到了从职工到企业、从地方到中央的普遍认可。据薄一波回忆："小平同志后来多次告诉我，毛主席直到临终时，还把《工业七十条》文件摆在枕边，始终没有提出过批评。"由此可见《工业七十条》取得的成效与地位，其中大有值得我们反思与借鉴之处，有必要对其基本特征抽象如下。

一是计划性。主要体现在："一、国营工业企业……生产活动，服从国家的统一计划……"；"四、统一领导、分级管理，是国家对国营工业企业的管理原则……"；"六……实行党委领导下的行政管理上的厂长负责制"等。由此可见，《工业七十条》出台的基本依据是当时高度集中的计划体制，也只有在这种从中央到地方、从政府到企业、从组织到个人均采取直接行政命令和指标管理的制度安排下才能实现。当时，《工业七十条》是以党中央红头文件形式下发的，但却具备法制条件下的"宏观调控法"的作用，这也同时体现了计划体制的利弊双刃。

二是权威性。主要体现在："四……工业管理体制调整的权力，集中在中央……"；"八、国家对企业必须实行'五定'，企业对国家必须实行'五保'……"；等等。权威性是由计划性所决定，无论是在规定上还是在实践中，均体现了当时中央宏观管理的权威力度，未曾发生过中央地方博弈现象。

三是实体性（而非程序性）。主要体现在：《工业七十条》基本全部直接涉及工业企业的计划统计、生产技术、劳动、财务、党务等微观管理，而对于国家如何行使管理权力及其限制却少有涉及，可见当时宏观管理并未顾及程序性，而只集中于实体性问题，这也是由计划体制对管理程序的天然保证所决定的。

四是微观性（而非宏观性）。这是由上条实体性所反映的，《工业七十条》对

第八章　中国特色宏观调控法律制度体系

各种大事小事均进行了微观强制性规制，甚至可以认为这种宏观管理本质上是微观管理。例如，第一章"计划管理"中规定："九……非经上级行政主管机关的批准，任何企业都不得挪用国家计划内的物资，去进行国家计划产品以外的生产和基本建设"；第二章"技术管理"中规定："十八……有些品种，确实需要淘汰的，应当经过上级行政主管机关的批准"；第三章"劳动管理"中规定："三十一……积极办好企业的哺乳室、托儿所、卫生所、澡堂、理发室和文化娱乐等集体福利事业……"；第五章"经济核算和财务管理"中规定："三十八……企业不执行规定的出厂价格的，使用部门有权拒付货款的抬价部分"。

五是政治性。《工业七十条》不仅在总则和主要篇章中反复强调企业党组织的作用，而且单列一章详细规定"党的工作"内容，体现了计划时代政治挂帅的重要特征，但同时也为改革开放初期政企不分、党政不分、政社不分埋下了隐患。

六是人本性。主要体现在："二十四……切实保护职工的健康，定期进行健康检查，逐步减少、努力消灭职工中的职业病……要坚决精简会议，取消不必要的业余集体活动，使职工有足够的睡眠、休息、学习、娱乐和从事家务活动的时间……"；"三十一、企业的领导人员必须经常关心职工的生活，切实注意做好生活福利工作，热心帮助职工解决生活上的困难问题……"；"六十四……歧视老工人，是错误的……对女工，要……帮助她们解决特殊的困难"等。不难看出，计划时代的宏观经济管理也蕴含着朴素的以人为本的理念，其中考虑宏观问题时注重微观主体的态度，以及重视通过党委领导实现职工利益的设计，颇具特色。

以上对《工业七十条》的基本特征的抽象，不仅具有经济史上的分析意义，而且对当前宏观调控立法具有重要的实践意义，其主要经验和教训包括以下几方面。

首先，宏观调控应该有法可依。不能仅限于现行成文法中的零散规定，应该有专门性立法，为特定的国民经济管理行为提供约束和保障。当然，不同的资源配置基础决定了立法的内容应有差异，市场经济条件下的立法应更注重宏观指导，微观规制的分量要少、内容要准。

其次，立法应注重统筹兼顾，协调各方面利益关系。市场经济越发达，利益关系越复杂，既要保证中央的调控权威，又要发挥地方的积极性，既要顾全大局，又要保障个体。要做到令行禁止，法律成文化恐怕只是万里长征第一步，司法环境的改善、司法成本的降低、司法手段的灵活应该更为重要。

再次，立法应发挥政治优势。中国共产党的领导是我们宏观调控的政治优势，这一优势可以在保证党政分开的前提下，借助组织人事工作、政治思想工作为调控提供保障，要强调基层党组织的战斗堡垒作用。

最后，立法应注重以人为本。宏观调控只是手段，改善民生才是目的，一方面，我们的调控过程应更加人性化，体现民主集中；另一方面，调控的重点应关注民众疾苦，例如对于涉及民生的物价、就业等敏感问题，建议考虑定量指导。

第三节　中国宏观调控法律制度体系的构建

一、中国宏观调控法律制度的主要内容

改革开放之后，尤其是向市场经济体制转轨阶段，为了适应新的社会经济条件的需要，我国陆续颁布了许多调整经济关系的法律法规。在我国，"宏观调控"是经济体制改革中新出现的一个概念。1984年中共中央《关于经济体制改革的决定》中出现了"宏观调节"一词，1993年《宪法修正案》中才正式确立"宏观调控"的概念。我国的宏观调控制度大多是首先由中共中央确定经济改革的基本纲领，然后通过全国人大的五年规划、中共中央年度经济工作会议进一步具体化。在年度经济调控中，主要由国务院根据当时经济周期确定短期调控目标的任务，然后运用经济手段、法律手段和行政手段予以实施。宏观调控法律制度分散于《宪法》《行政许可法》《价格法》《中国人民银行法》《预算法》及税法等法律及其配套行政法规之中。宏观调控制度主要涉及产业政策、规划、投资、财税、金融、价格、国有资产经营等传统市场主体。

（一）产业调节法律制度

改革开放以来，我国非常重视产业调节方面的立法，颁布了大量政策性的产

第八章　中国特色宏观调控法律制度体系

业调节法规。如 1989 年发布的《关于当前产业政策要点的决定》、1992 年发布的《关于加快发展第三产业的决定》、1994 年先后发布的《九十年代国家产业政策纲要》《关于实施固定资产投资项目经济规模标准（第一批）的若干规定》《汽车工业产业政策》；1997 年发布的《当前国家重点鼓励发展的产业、产品和技术目录》《水利产业政策》；2000 年发布的《鼓励软件产业和集成电路产业发展的若干政策》。这些法规对贯彻和落实我国产业政策，调整我国的产业结构，扶持、保护战略产业，援助衰退产业，促进产业结构的合理化和科学化，实现国民经济持续、稳定、健康的发展发挥了重要的作用。但是，由于这些规定大多属于政策的范畴，法律性较弱，且又比较分散，缺少统一性，所以，目前应该加紧产业调整基本法——《产业调整法》或《产业增长法》的制定[1]。

（二）计划规划法律制度

在宏观调控法律制度中，我国关于计划的立法是最早的，也是最齐备的，这主要是因为我国实行计划经济体制的缘故。有关计划关系的法律制度主要有：1952 年颁布的《国民经济计划编制暂行办法》；1955 年颁布的《国家计划委员会暂行组织通则》；1958 年颁布的《关于改进计划管理体制的规定》；1960 年颁布的《关于加强综合财政计划工作的决定》；1984 年颁布的《关于改进计划体制的若干暂行规定》；1987 年颁布的《关于大型工业联营企业在国家计划中实行单列的暂行规定》；1998 年颁布的《国家发展计划委员会职能配置、内设机构和人员编制规定》等。为适应我国市场经济体制不断完善的需要，我国应尽快制定一部具有中国特色、反映中国社会主义市场经济实际的计划基本法，以规范计划法律关系主体的行为。

（三）投资法律制度

新中国成立以后，我国的投资关系主要表现为固定资产投资关系和基本建设投资关系。因而，投资立法也主要表现为有关固定资产投资关系和基本建设投资

---

[1] 李昌麒.经济法学[M].北京：法律出版社，2007，第 400 页.

关系的立法。投资方面的法律、法规主要有：1952 年颁布的《基本建设工作暂行办法》；1962 年颁布的《关于加强基本建设计划管理的几项规定》；1979 年颁布的《基本建设贷款实行条例》；1987 年颁布的《关于基本建设程序的若干规定》；1988 年颁布的《关于投资管理体制的近期改革方案》；1992 年颁布的《关于建设项目实行业主责任制的暂行规定》；1996 年颁布的《关于固定资产投资项目试行资本金制度的通知》；1999 年通过的《招投标法》等。

（四）财税法律制度

我国关于财政和税收方面的立法开始于新中国成立初期，颁布的法律法规数量多，内容丰富。这些法律法规主要有：1951 年颁布的《预算决算暂行条例》；1987 年颁布的《关于违反财政法规处罚的暂行规定》；1991 年颁布的《国家预算管理条例》（已废止）；1993 年颁布的《中华人民共和国国债一级自营商管理办法（试行）》；1994 年颁布的《国库券条例》；1994 年通过的《中华人民共和国预算法》；1997 年颁布的《中华人民共和国国债托管管理暂行办法》；1985 年颁布的《中华人民共和国进出口关税条例》；1985 年出台，1987 年、1991 两次修订的《中华人民共和国海关进出口税则》；1991 年颁布的《中华人民共和国固定资产投资方向调节税暂行条例》；1992 年通过、1995 年和 2001 年两次修订的《中华人民共和国税收征收管理办法》；1993 年颁布的《中华人民共和国增值税暂行条例》《中华人民共和国营业税暂行条例》《中华人民共和国企业所得税暂行条例》《中华人民共和国消费税暂行条例》《中华人民共和国资源税条例（草案）》《中华人民共和国个人所得税法》（该法 2011 年 6 月 30 日进行了第六次修订）。这些法律法规是我国财政税收法律体系的重要组成部分，对保障国家财政收入，满足社会公共需要，发挥了重要作用。

（五）金融法律制度

新中国成立以来，特别是改革开放以来，我国颁布和发布了大量的调整金融关系，尤其是调控银行、货币和外汇关系的法律法规。主要有：1983 年发布的《金

第八章　中国特色宏观调控法律制度体系

银管理条例》；1985年发布的《国家金库管理条例》；1988年发布的《现金管理暂行条例》；1992年发布的《银行外汇业务管理规定》《储蓄管理条例》；1995年颁布、2003年修订的《中国人民银行法》和《商业银行法》；1996年发布的《结汇、售汇及付汇管理规定》、1996年发布并于1997年修订的《外汇管理条例》；1997年发布的《城市合作银行管理规定》；2000年发布的《人民币管理条例》《金融资产管理公司条例》；2001年发布的《外资金融机构管理条例》《网上银行业务管理暂行办法》；2003年颁布的《银行业监督管理法》《农村商业银行管理暂行规定》《农村合作银行管理暂行规定》等。这些法律法规对稳定金融秩序，促进金融业的健康发展，发挥了重要作用。在宏观调控中，通过金融手段调控宏观经济是目前世界性宏观调控的通用规则，在各种金融法律制度中，1995年实施的《中国人民银行法》确定了中央银行在货币政策上的相对独立性，并提出"币值稳定"是中央银行执行货币政策的首要目标，这是最具宏观调控性质的法律规范。

（六）价格法律制度

关于价格方面的法律主要有：1982年颁布的《物价管理暂行条例》；1987年颁布的《中华人民共和国价格管理条例》；1988年颁布的《关于价格违法行为的处罚规定》和《关于税收、财务、物价大检查中查处价格违法行为若干政策界限的规定》；1990年发布的《关于商品和收费实行明码标价制度的规定》；1991年发布的《关于调整粮油统销价格的决定》和《关于严格控制农业生产资料价格的通知》；1992年发布的《关于抽调粮食统销价格的决定》和《城市基本生活必需品和服务收费价格监测办法》；1997年通过的《中华人民共和国价格法》；2001年发布、2002年修订的《政府价格决策听证办法》。其中，《中华人民共和国价格法》的颁布和实施在我国价格法律史上具有里程碑的意义，标志着我国价格监管制度的确立。

（七）国有资产管理法律制度

我国对国有资产管理进行立法主要是在改革开放以后。主要法律法规有：1991年发布的《国有资产评估管理办法》及《实施细则》；1994年发布的《企业国有资产产权登记管理办法》和《集体企业国有资产产权界定暂行办法》；1996 年发布的《企业国有资产产权登记管理办法》；1999 年颁布的《资产评估机构管理暂行办法》《注册资产评估师执业资格制度暂行办法》《关于建立现代企业制度试点中国有资产管理工作的指导意见》《关于企业兼并的暂行办法》；2000 年发布的《关于出售国有小型企业产权的暂行办法》《境外国有资产产权登记管理暂行办法》；2001 年发布的《关于改革国有资产评估行政管理方式加强资产评估监督管理工作的意见》和《国有资产评估备案表》；2003 年颁布的《企业国有资产监督管理暂行条例》；2004 年颁布的《企业国有资产产权登记业务办理规则》等。这些法律、法规和规章对保护国有资产产权，保障国有资产保值、增值，防止国有资产流失发挥了重要作用。

二、中国宏观调控法律制度的基本特征

我国宏观调控法具有诸多的重要特征。这些特征使得它不但能与行政法、民法等其他部门法相区别，而且能够同经济法内部的其他法律类型相区别。

（一）宏观调控法既遵守经济法的基本原则又遵守行政法的基本原则

遵守经济法的基本原则，是因为宏观调控法是构成经济法体系的重要类型，是经济法这一大体系中的有机组成部分。因此，宏观调控法要求宏观调控必须以"社会总体经济效益优先，兼顾社会各方利益公平"这一基本原则为指导，优先实现社会总体经济效益，同时兼顾社会各方利益公平，冲击或放弃经济总量效益性这一首要目标的实现。

遵守行政法的基本原则，是因为宏观调控事实上主要是一种行政行为。不受约束的权力必然会滥用，权力必须受约束。行政行为的合法性原则和合理性原则是现代行政法的根基，也是现代行政法治原则的体现。宏观调控是市场经济法治国家运用公权力对经济领域的调节和控制，理应受到严格限制。因此，宏观调控首先要具有合法性。宏观调控的设定、实施必须依据法律、符合法律，不能与法

第八章 中国特色宏观调控法律制度体系

律相抵触。这里的"法律"既包括实体法又包括程序法,具体而言,它不仅指宏观调控法本身,还指行政法和经济法基本法。其次,宏观调控要具有合理性。宏观调控的内容要适度、必要、符合宏观经济规律和符合理性。国家行政机关在实施宏观调控时享有十分广泛的自由裁量权,合理性原则能实现对自由裁量的有效控制。

(二) 宏观调控是对经济有限的和必要性的调控

行政行为的合理性原则在一定的程度表明,宏观调控的有限性,但这并不是全部。宏观调控的有限性和必要性特征还取决于以下重要原因:市场机制是经济资源的基础配置机制;宏观调控只是旨在弥补市场的缺陷,是经济资源配置的辅助机制。宏观调控不能冲击和削弱市场机制作用的发挥,相反应当促进和保护市场机制调节功能的充分发挥。不影响市场机制作用的发挥,即是宏观调控的边界线;弥补市场的缺陷和促进保护市场机制调节功能的充分发挥,就是宏观调控的必要性所在[1]。宏观调控活动既具有一定的确定性,如调控主体的设置、调控程序的规定等,这些可以通过制定行政组织法和行政程序法来解决;又具有鲜明的不确定性,如宏观调控的客体——经济波动的发生与幅度具有不可预测性、宏观调控手段的搭配方式具有非固定性、宏观调控效果具有不确定性等,这些显然采用灵活的政策来应对比较好[2]。

(三) 调整范围的整体性和普遍性

整体性是指宏观经济调控法对整个国民经济活动进行调整。宏观经济调控法,不像某些具体经济法规,只调整个别领域、个别层次的具体经济关系,而是着眼于对国民经济整体的调整。它不仅对国民经济的生产、交换、分配、消费环环节进行调整,而且对国民经济系统中各地区、各产业的经济活动进行调整。通过整体调整,达到国民经济良心运行、持续发展的目的。普遍性是指宏观经济调控措施以对所有的经济主体调控为目的,而不是以干预个别具体的市场主体行为为目

---

[1] 洪治纲、汪鑫.论宏观调控法概念和特征[J].法学杂志,2002(1).
[2] 郝铁川.宏观调控的不确定性与法律、政策调整[J].东方法学,2009(2).

的。不论企业的所有制性质或组织形式如何，国家都一视同仁，涉及哪个产业或企业，就对哪个产业或企业产生作用。

（四）调整方法的指导性和调节性

宏观经济调控法的着眼点是承认并维护市场主体的合法地位和合法权益，所以，国家作为调控主体主要是通过市场以间接的方式表现为指导和调节。所谓指导性，是指某项特定的法律制度所具有的指导作用，如计划指导、产业政策指导，它通过一定法律规定，为市场主体指明具体的行为方向和行为所能达到的范围。所谓调节性，是指某些特定的法律制度通过鼓励或抑制市场主体的行为以达到宏观调控的目的，如税率、利率等。宏观经济调控法主要以指导性调整方法引导市场主体从事经营活动的方向；以调节性方法促使市场主体的行为顺乎其方向。指导性调整方法与调节性调整方法的有机结合，成为国家实行宏观经济调控的有效途径。

（五）调整手段的综合性和协调性

调整手段的综合性和协调性是指宏观经济调控法在调整国民经济的运行时，不仅要运用计划、价格、税收、财政、金融等多种具体的手段，而且要使这几种调控手段相互渗透、互相配合、相互作用，形成一种整体上的合力，以促进调控目标的实现。

三、中国宏观调控法律制度的主要目标

从国内外宏观调控的经验看，作为一种经济现象的宏观调控，其基本的价值在于克服市场失灵，避免经济危机。我国的市场经济是从计划经济转型而形成的，这种不同于西方国家的市场经济道路决定了我国的宏观调控法律制度的主要目标既有大多数市场经济国家宏观调控的相同目标，也有适合中国国情的特定目标。中国宏观调控法律制度的主要确立目标，以党的纲领性文件规定的目标为先导，通过具体法律制度加以落实。

第八章　中国特色宏观调控法律制度体系

党的十六大报告指出："要把促进经济增长，增加就业，稳定物价，保持国际收支平衡作为宏观调控的主要目标。"十八届三中全会决议进一步明确了健全宏观调控体系的目标："宏观调控的主要任务是保持经济总量平衡，促进重大经济结构协调和生产力布局优化，减缓经济周期波动影响，防范区域性、系统性风险，稳定市场预期，实现经济持续健康发展。健全以国家发展战略和规划为导向、以财政政策和货币政策为主要手段的宏观调控体系，推进宏观调控目标制定和政策手段运用机制化，加强财政政策、货币政策与产业、价格等政策手段协调配合，提高相机抉择水平，增强宏观调控前瞻性、针对性、协同性。形成参与国际宏观经济政策协调的机制，推动国际经济治理结构完善。"我国宏观调控法律制度应该以上述四项为其调控目标。

（1）促进经济增长。

经济增长是衡量经济全面发展的主要指标，是社会发展和人民生活水平提高的物质基础，是宏观调控的首要目标。经济增长需要与资源供给和市场需求相协调。经济增长速度应与社会经济发展相适应，速度低了，经济增长潜力不充分发挥出来，经济社会生活中的许多矛盾难以解决；速度过快，势必造成比例失调，导致经济大起大落。促进经济增长，不仅是数量增加，而且要优化结构和提高质量、效益，还必须合理利用资源，保护生态环境，实现可持续发展。

（2）增加就业。

增加就业就是要在经济增长的过程中，充分利用劳动力要素，促进城乡居民收入增长，努力实现社会公平，实现社会稳定。就业是民生之本，政府应把改善创业环境和增加就业岗位放到更加突出的位置，把缓解就业压力作为重要的体制改革和政策目标。增加就业，必须统筹城乡新增劳动力就业、下岗职工再就业和农民工进城就业，坚持劳动者自主择业和政府促进就业的方针，充分发挥各方面的主动性和积极性。经济发展、结构调整和改革推进，都要有利于扩大就业。

（3）稳定物价。

稳定物价就是要保持商品和服务结构总水平基本稳定。既要防止通货膨胀，又要克服通货紧缩。无论是通货膨胀还是通货紧缩，都会影响市场主体对经济运行前景的判断和信心，扭曲资源配置，对经济发展和社会稳定产生负面作用。在物价总水平上涨过快时，要抑制通货膨胀；在物价总水平持续出现负增长时，要克服通货紧缩。

（4）国际收支平衡。

国际收支平衡是在一定时期内一个国家与其他国家商品、服务贸易和资本流动的结果。实现国际收支平衡，是保持国家宏观经济稳定的条件。坚持不断增加经济总量的同时，还要努力促进经济增长质量和经济效益的提高，不断增强国际竞争力[1]。

（5）收入分配合理，人与自然和谐。

就宏观调控目标体系本身来说，和谐社会的宏观调控目标不应仅仅表述为经济增长、充分就业、物价稳定和国际收支平衡。因为这个目标就其实质来讲是效率性的目标，尚缺乏公平性目标，显然与和谐社会的目标不相称。之所以提出公平性目标，是因为在构建和谐社会的进程中，需要兼顾效率与公平。所以，我国的宏观调控目标体系需要创新，为客观反映和谐社会要求，有重点地解决制约因素，遵循综合性、代表性、层次性、合理性和现实性的原则，可以把宏观调控目标体系概括为："经济持续增长，物价稳定，充分就业，国际收支平衡，收入分配合理，人与自然和谐。"[2]

除了将实现宏观调控基本目标作为宏观调控法律制度的内容和目标之外，作为宏观调控的法律制度，还应当以规范政府宏观调控权限、规定宏观调控的启动程序和主要政策措施、明确宏观调控决策主体和执行主体相应的法律责任为宏观调控法律制度的直接目标。

四、中国宏观调控法律制度的实施效果

法律实施效果是指享有立法权的机关按照宪法和法律规定的合法程序所制

---

[1] 李昌麒.经济法学[M].北京：法律出版社，2007，第 397-398 页.
[2] 左锋.基于和谐社会视角的宏观调控目标体系研究[J].中央财经大学学报，2008(9).

第八章 中国特色宏观调控法律制度体系

定的法律规则生效后并经过一段时间的实施，其是否实现立法目的，以及法律适用过程中对所调整对象产生的实际效益和影响。法律实施的效果需要通过一定的方法才能加以比较科学合理地测度，一般通过立法后评估的方法对其实施的后果进行主客观相统一的测量。2004年国务院印发的《全面推进依法行政实施纲要》针对"提高制度建设质量"进行了具体规定，第17条提出："积极探索对政府立法项目尤其是经济立法项目的成本效益分析制度。政府立法不仅要考虑立法过程成本，还要研究其实施后的执法成本和社会成本。"第18条提出："规章、规范性文件施行后，制定机关、实施机关应当定期对其实施情况进行评估，实施机关应当将评估意见报告制定机关，制定机关要定期对规章、规范性文件进行清理。"该纲要为评估主要以行政法规为主体的宏观调控法律制度的实施效果提出了要求。

从2010年全国人大常委会首次开展的立法后评估试点工作情况看，主要针对个别法律的个别条文进行评估，评估的方法主要是通过文献研究、问卷调查、实地调研、情况报告、实例分析等，评估的内容是法律的实施绩效、法律制度和措施的设计是否合理、是否可行、是否有针对性。但是，对包括宏观调控行政法规在内的法律制度实施效果的评估尚未形成制度，对宏观调控法律制度实施效果的评估存在诸多困难。宏观调控法实施效果的评估不仅包括该法律制度是否达到立法目的或者对立法目的实现的程度，而且还应当包括法律制度本身的立法成本、执法成本和社会成本。对于宏观调控法律制度的实施效果评估，不仅关系到宏观调控法律制度本身的经济合理性，而且关系到其对宏观经济的调控能力、调控质量。因为，宏观调控的直接目的在于解决经济运行中的"过冷"或"过热"，实际上也就是在以自身的边际成本换取经济发展的边际收益，进而宏观调控法制建设的作用就在于降低宏观调控的边际成本，因为只有当边际成本小于边际收益时的宏观调控才是经济学意义上的"理想类型"[1]。针对宏观调控法律制度的实施效果，经济学研究从成本—收益的角度认为，从最直观的角度来看，宏观调控单独立法

---

[1] 刘瑞、周人杰、崔俊富.论宏观调控的绩效评估、法制建设与行政问责[J].兰州大学学报（社会科学版），2009(6).

之后法律位阶相应提高，对宏观调控法律关系中各主体的约束力也随之增强，各主体违法成本也由严格的程序性规范所提升，进而宏观调控中的守法行为也更加普遍[1]。

---

[1] 刘瑞、周人杰、崔俊富.论宏观调控的绩效评估、法制建设与行政问责[J].兰州大学学报（社会科学版），2009(6).

参 考 文 献

[1]梁鑫. 经济法[M]. 北京：清华大学出版社，2015.

[2]石光乾. 经济法[M]. 北京：清华大学出版社，2014.

[3]马兆瑞. 经济法[M]. 北京：中国人民大学出版社，2014.

[4]张守文. 经济法[M]. 北京：北京大学出版社，2014.

[5]葛恒云，赵伯祥. 经济法[M]. 北京：机械工业出版社，2013.

[6]刘大洪. 经济法[M]. 北京：机械工业出版社，2013.

[7]王伯平. 经济法[M]. 北京：北京交通大学出版社，2009.

[8]华本良. 经济法概论[M]. 大连：东北财经大学出版社，2008.

[9]王玲. 经济法概论[M]. 北京：清华大学出版社，2009.

[10]梁敏，何辛. 新编经济法实用教程[M]. 大连：大连理工大学出版社，2009.

[11]王延川. 破产法理论与实务[M]. 北京：中国政法大学出版社，2009.

[12]杜鹏程. 经济法实务[M]. 北京：清华大学出版社，2006.

[13]李胜沪. 经济法[M]. 北京：经济科学出版社，2007.

[14]李晓安. 现代企业法律规范与约束[M]. 北京：经济管理出版社，2006.

[15]李正义，俞木传. 经济法概论[M]. 大连：东北财经大学出版社，2002.

[16]黎建飞. 劳动和社会保障法[M]. 北京：中国人民大学出版社，2003.

[17]赵新华. 票据法论[M]. 长春：吉林大学出版社，2007.

[18]黄进，宋连斌，徐前权. 仲裁法学[M]. 北京：中国政法大学出版社，2007.

[19]马洪. 经济法概论[M]. 上海：上海财经大学出版社，2000.

[20]马立源，薛兵旺. 实用经济法[M]. 北京：北京师范大学出版社，2007.

[21]钱芝网，曲建英. 经济法[M]. 北京：中国时代经济出版社，2004.

[22]曲振涛. 经济法[M]. 北京：高等教育出版社，2000.

[23]史际春．企业和公司法[M]．北京：中国人民大学出版社，2001．

[24]宋彪．经济法概论[M]．北京：中国人民大学出版社，2002．

[25]孙应征．破产法法律原理与实证解析[M]．北京：人民法院出版社，2005．

[26]王军，陈洪武．合同冲突法[M]．北京：对外经济贸易大学出版社，2003．

[27]王利明．民法[M]]．北京：中国人民大学出版社，2001．

[28]王利明．合同法 [M]．北京：中国人民大学出版社，2007．

[29]孔祥发．公司法要论[M]．北京：人民法院出版社，1997．

[29]陈桂明．民事诉讼法与仲裁法[M]．北京：法律出版社，2000．

[30]王小能．票据法[M]．北京：北京大学出版社，2001．

[31]王瑜．经济法概论[M]．北京：化学工业出版社，2005．

[32]焦富民．经济法概论[M]．北京：中国商业出版社，2000．

[33]汪发元，唐立新．经济法[M]．武汉：武汉大学出版社，2006．

[34]吴汉东．知识产权法[M]．北京：中共中央党校出版社，2005．

[35][日]金泽良雄著；满达人译．经济法概论[M]．兰州：甘肃人民出版社，1985．

[36][日]丹宗昭信，厚谷襄儿．现代经济法入门[M]．北京：群众出版社，1985．

[37][德]罗尔夫·斯特博著；苏颖霞，陈少康译．德国经济行政法[M]．北京：中国政法大学出版社，1999．

[38][英]亚当·斯密．国富论[M]．北京：商务印书馆，2005．

[39]赵蕾蕾．经济法主体范畴之探析[J]．社科纵横，2004(04)．

[40]吕志祥，辛万鹏．再论经济法的基本原则[J]．理论月刊，2004(05)．

[41]卢泽芳，王安洁．论经济法的主体——对经济法主体研究的回顾和反思[J]．南华大学学报，2005(02)．

[42]张旻昊．对经济法责任的应然分析[J]．甘肃政法学院学报，2005(05)．

[43]吕志祥，张馨予．科学发展观与经济法理念的新发展[J]．云南财贸学院学报，2005(05)．

[44]周晋滢，陈乃新．论经济法主体——对劳动力权人的解读[J]．南华大学学报(社会科学版)，2006(01)．